演習形式で学ぶ
オペレーションズ
リサーチ

Operations Research Learned by Exercises

宮地 功 著

共立出版

はしがき

　オペレーションズリサーチは意思決定のための数学モデルである．いろいろな問題の数学モデルを解決する手法が，多く提案されている．この本はオペレーションズリサーチの代表的な手法の中から線形計画法問題，動的計画法問題，輸送問題，割当て問題，巡回セールスマン問題，順序づけ問題，最短経路問題，日程管理計画問題，取替問題，在庫管理問題，待ち行列問題，階層化意思決定法（AHP）問題，階層構造化モデル（ISM）問題を取り上げる．

　それらの手法を目的，問題の定義，問題の解法，演習，課題という構成で説明する．本書は，講義で使うことを前提にしている．しかし，演習や実験でも使えるように各章の最初にその章の目的を説明した．続いて，その章の問題を説明し，定義して，その内容がわかるようにした．その問題の解法あるいは手法を実際に例題を用いて途中を省略しないで詳細に解説する．その後，類題を提示して，実際に計算して簡単な演習をする．これらの問題は筆算あるいは電卓を用いて，解くことができる．その際に，ワークシートのように必要な表，文章，式を用意し，空白の部分に数値や結果を記入することで演習問題が解ける枠組みを用意し，講義の中での利用に供する．これは独学する方にも便利であると考える．また，企業研修の際に利用すれば，学習者に手法の理解を深めることになると思う．さらに，課題を2問ずつ掲載して，理解を深めたい人のための練習に供した．この課題の使い方として，講義の後，学習者に演習してもらい，早く解けた人に課したり，授業時間が余った場合，これを解いてもらう．さらに，定期的に報告書として提出してもらうなどが考えられる．いずれにしても，1つの手法に対して，問題の解法，演習，課題に記載の4問以上の問題を繰り返し解くことが，理解を向上させるために役立つと考える．

　第3～9，14章は丁寧に問題の解法を真似て順を追っていけば，演習問題をするためには筆算だけでできるようにしている．第2章は電卓が必要であり，第10～13章では，関数電卓を用いる必要がある．

　講義で利用する際のことを考えて，目的，問題の定義，問題の解法，演習で約90分の計画でできるように構成した．実際に講義しての経験では，目的，問題の定義，問題の解法までの説明に約30～60分必要であったので，演習に約60～30分使うことができ，十分演習をする時間を確保することができる．15回の講義計画で，15回目が定期試験であることを考えて，1回の講義で1章を進めるように14章立てにしている．著者が行っている実施例を示すと，中間試験と定期試験を実施し，その前の週に総合演習として，それまでに講義した5～6章の課題を1つずつ解かせた．1回の講義で1章を進め，中間試験までに5章を，定期試験までに6章を解説した．

問題の解法を途中を省略しない説明，演習問題の枠組みの掲載などは，類書にない特徴である．以上説明したように，本書は学習者の理解を深める教科書にしあげた．各手法の理論的な内容や本書を超える内容は，他書に譲る．本書をお読みになって，お気づきの点はご指摘をいただき，より良いものにしていきたいと願っている．読者諸兄のご叱正をお願いする．

　最後に，本書を書く上で多くの著書を参考にさせていただいた．これらの著書を巻末に掲げて著者の方々に深くお礼を申し上げます．出版に当たり大変お世話になりました共立出版の松原茂氏，日比野元氏に感謝いたします．

2008 年 9 月 1 日

著　者

目　　次

第1章　意思決定とは
1.1　オペレーションズリサーチの歴史　*1*
1.2　オペレーションズリサーチによる問題解決の流れ　*2*
1.3　オペレーションズリサーチによる問題解決の効果　*3*
1.4　オペレーションズリサーチによる問題解決の限界　*4*
1.5　課　題　*4*

第2章　線形計画法問題
2.1　目　的　*5*
2.2　問題の定式化　*5*
2.3　問題の解法　*9*
2.4　演　習　*15*
2.5　課　題　*22*

第3章　動的計画法問題
3.1　目　的　*23*
3.2　問題の定式化　*23*
　3.2.1　配分問題　*23*
　3.2.2　多段階決定過程　*24*
3.3　問題の解法　*25*
3.4　演　習　*29*
3.5　課　題　*32*

第4章　輸送問題
4.1　目　的　*33*
4.2　問題の定式化　*33*
4.3　問題の解法　*34*
　4.3.1　実行可能基底解を求める手順　*35*

4.3.2　最適解への改善を進める手順　*36*
　　4.3.3　供給と需要が不一致の場合の扱い　*39*
　4.4　演　習　*40*
　　4.4.1　実行可能基底解を求める手順　*40*
　　4.4.2　最適解への改善を進める手順　*42*
　4.5　課　題　*45*

第5章　割当て問題
　5.1　目　的　*46*
　5.2　問題の定式化　*46*
　5.3　問題の解法　*47*
　　5.3.1　最小化割当て問題　*47*
　　5.3.2　最大化割当て問題　*50*
　5.4　演　習　*52*
　5.5　課　題　*54*

第6章　巡回セールスマン問題
　6.1　目　的　*55*
　6.2　問題の定式化　*55*
　6.3　問題の解法　*56*
　6.4　演　習　*59*
　6.5　課　題　*63*

第7章　順序づけ問題
　7.1　目　的　*64*
　7.2　問題の定式化　*64*
　7.3　問題の解法　*65*
　　7.3.1　$n \times 2$ 総所要時間最小問題　*65*
　　7.3.2　$n \times 3$ 総所要時間最小問題　*67*
　7.4　演　習　*69*
　　7.4.1　$n \times 2$ 総所要時間最小問題　*69*
　　7.4.2　$n \times 3$ 総所要時間最小問題　*71*
　7.5　課　題　*74*

第8章　最短経路問題
　8.1　目　的　*75*

8.2　問題の定義　*75*
　8.3　問題の解法　*76*
　8.4　演　習　*79*
　8.5　課　題　*81*

第 9 章　日程管理計画問題
　9.1　目　的　*82*
　9.2　問題の定義　*82*
　9.3　問題の解法　*84*
　9.4　演　習　*87*
　9.5　課　題　*90*

第 10 章　取替問題
　10.1　目　的　*91*
　10.2　問題の定義　*91*
　　10.2.1　能率低下による品物の取り替え　*91*
　　10.2.2　故障物品の取り替え　*93*
　10.3　問題の解法　*94*
　　10.3.1　能率低下による品物の取替問題　*94*
　　10.3.2　設備の寿命分布を含む取替問題　*95*
　10.4　演　習　*97*
　　10.4.1　能率低下による品物の取替問題　*97*
　　10.4.2　設備の寿命分布を含む取替問題　*98*
　10.5　課　題　*100*

第 11 章　在庫管理問題
　11.1　目　的　*101*
　11.2　問題の定義　*101*
　11.3　問題の解法　*102*
　　11.3.1　シミュレーションによる発注回数の求め方　*102*
　　11.3.2　公式による発注点の求め方　*103*
　11.4　演　習　*104*
　　11.4.1　シミュレーションによる発注回数の求め方　*104*
　　11.4.2　公式による発注点の求め方　*105*
　11.5　課　題　*105*

第12章　待ち行列問題
12.1　目　的　*106*
12.2　問題の定式化　*106*
12.3　問題の解法　*108*
12.4　演　習　*110*
12.5　課　題　*111*

第13章　階層化意思決定法（AHP）問題
13.1　目　的　*112*
13.2　問題の定義　*112*
　13.2.1　一対比較行列　*113*
　13.2.2　重要度の求め方　*114*
　13.2.3　整合度の求め方　*115*
13.3　問題の解法　*116*
13.4　演　習　*120*
13.5　課　題　*125*

第14章　階層構造化モデル（ISM）問題
14.1　目　的　*127*
14.2　問題の定義　*127*
14.3　問題の解法　*128*
14.4　演　習　*133*
14.5　課　題　*142*

参考文献　　　　　　　　　　　　*143*
演習と課題の解答　　　　　　　　*144*
索引　　　　　　　　　　　　　　*150*

第1章　意思決定とは

1.1　オペレーションズリサーチの歴史

　オペレーションズリサーチ（OR）の芽は，非軍事的な面において，第二次世界大戦以前にさかのぼる．F. W. Taylor は，企業経営の問題に科学的方法を適用し，実験データの収集と分類，データの解析による法則や原理の定式化などを導入した．これは統計的な処理の研究につながっている．デンマークの A.K. Erlang は，1909 年に電話局における電話の申し込み，呼び出しに関する需要および通話時間の変動についての数学分析について発表した．これは待ち行列の研究につながっている．

　戦時中，産業界では，品質管理（QC, Quality Control）やインダストリアル・エンジニアリング（IE, Industrial Engineering）が活用されていた．標本調査，品質管理，抜き取り検査，実験計画法などの統計的な考え方が多くの成果をあげていった．

　オペレーションズ・リサーチは第二次世界大戦において，イギリスの作戦計画を立てる際に，さまざまな分野の人材を集めて，潜水艦攻撃の方法などの多くの研究を行い，実践的な効果をあげたことに始まるとされている．その名称は，運用や操作に関する問題を研究することから英国では Operational Research と呼ばれた．その後，数理的，論理的モデルを使った問題解決のために，科学者，技術者，社会科学者，心理学者などの専門家を含めた学際的なチームが編成されて，多くの分野の問題解決に大きな成果をあげた．その価値が認識されて，米国に伝わった．MIT の教授を中心にして，同様の手法による研究が始まった．その名称は，作戦研究という側面から米国では Operations Research と呼ばれた．

　戦後，このような両国の研究と実践を通して，数理的な理論や手法を実務的な問題に適用する方法などの有用な手法が生まれてきた．さらに，統計的な手法を基礎にして，OR の考え方と手法が広まっていった．

　OR の手法が研究されているうちに，線形計画法が発見された．この発見が OR を経営科学という1つの研究分野として決定づけた．続いて，動的計画法，ゲーム理論，待ち行列などの研究がなされていった．モンテカルロ法などの手法も次第に確立していった．順序付け問題，取替問題，在庫管理問題などの典型的なモデルも開発され，OR が経営科学という科学に成長していった．

　コンピュータが発展するにつれて，情報処理の能力の飛躍的な進歩と共に手法も実施も飛躍的に発達した．また，複雑な現象をモデル化して，シミュレーションで解析する手法が増加してきた．コンピュータが莫大な計算量や複雑な問題を効率よく解くために役に立って，OR の普及に貢献している．

1.2 オペレーションズリサーチによる問題解決の流れ

　オペレーションズリサーチは意思決定のための数学モデルである．いろいろな問題の数学モデルを解決する手法が，多く提案されている．さまざまな分野の計画問題を実現するために対象を解析してモデルや手法の開発を研究し，そのモデルに基づいて，人や組織の行動現象を数量的に把握し，分析し，最適な解決策を求めていくという方法が，オペレーションズリサーチである．

　ORの方法あるいは原理について，加瀬は次のようにまとめている．
（1）**測定の原理**：可能な限りあらゆる変動の性質を測定し，それらの関係を測る．
（2）**オペレーションの原理**：意志決定者，政策決定の影響を受ける人，関係のある機器や環境などに考慮する．
（3）**フィードバックの原理**：見つかった解を実施して，評価し，解を修正する．これを繰り返す．
（4）**協同の原理**：できるだけ多くの分野の人がORチームを構成する．
（5）**実践の原理**：研究の各段階の成果を研究対象に即して評価する．

　また，小和田らは**ORの考え方**について次のようにまとめている．
（1）最適な政策は，両極端の政策の中間に存在する．
（2）相矛盾する目的同士の間のトレードオフを考える．
（3）不確実な状況の中では，期待値以外も考慮する．
（4）ORモデルを構築した後に理論解を実施する方法を考える．

　ORの手法は現実の世界の問題をモデルの世界に投影して考えることによって，問題の構造に潜む本質的な性質を理解し，様々な状況や考え方を試し，その結果から，解決方法を見つけて，経営上の意思決定を助ける方法であるといえる．

　問題の解決策を考えるためには，問題に関係した要因や情報を明らかにして，その要因や情報を活用しなければならない．そのためには，問題を整理して，モデルを作り，これに基づいて最適な計画を立案する必要がある．問題の解決策を考える流れは，問題の提起，問題の明確化，数学的モデルの設定，問題の定式化，モデルからの求解，モデルと解の検討，解の実施となる．

　一般に，需要は予測するものであるが，魅力的な製品を開発して，新しい需要を掘り起こすことが企業人には求められる．この意味において，新製品の開発を計画することになる．新製品として，売れるものは何かをAHPなどの意思決定法を用いて検討し，意思決定する．いずれかの製品を製造することになれば，その製品の生産計画を立てる．次に，その仕事の順序関係を明らかにして，日程を計画し，仕事全体の日程に対して隘路になっている作業を見つけ出し，仕事の日程の改善を計ることになる．製造された製品の在庫量を決定するために，在庫管理をシミュレーションしてみる．これによって，最適な在庫量を決定する．このように企業において，経営活動を効率的に行うためには，いろいろな手法を使って，解決策を練らなければならない．

　経済活動や人間の行動は，不確実で，確率的である．したがって，いろいろな直面する問題について，予測する必要があり，予測に基づいて最適な計画を立てなければならない．車の渋滞，窓口の行列，製品の売れ行き，などは時々刻々と変化している．これらの解決には，待ち行列，取替問題，在庫管理の解法が役に立つ．あるいは，シミュレーションしてみるとよい．

　自然科学，社会科学などのあらゆる分野で，現実をよく反映するようにモデル化して現象を捕ら

えやすくする．ORにおいても，現実をよく反映したモデルを開発することは，重要である．それと共に，現実を解決する最適解を見いだすことも重要である．ORのモデルは，現実のシステムを目的に応じて，単純化したものである．解が求められた後で，その解をどのように適用し，どのように解釈するかが重要である．

モデル構築は難しく，経験がなければ良いモデルは作れない．数学モデルは問題の表現にあいまいさが無くなり，問題を正確に表現できる．正確に表現した数学モデルができたら，その前提条件を与えて，数学の解析力によって，計算する．方程式として解けない場合，シミュレーションによる解析をするなどして，論理的に結論を導く．

モデルから導かれた結果を解釈し，現実に妥当かどうかを判断する．得られた解が有用であればよいが，うまく解釈ができない場合，解析結果に基づいて，モデルを改良する必要性が出てくる．

1.3　オペレーションズリサーチによる問題解決の効果

ORの効用は，次のようなことがある．企業や団体が行う経済活動には多くの人材，予算，資源，設備，情報などが関係している．ISM手法などを用いて，多くの要因の間の関係を明確にする必要がある．経営活動を効率よく行うためには，これらの素材をうまく活用しなければならない．これらの素材に基づいて，現実の問題を整理し，モデルを作り，最適な計画を立てる必要がある．

素材を意思決定のための高次の情報にまで加工する技術がORである．もとになる素材の選択をはじめとして，その処理方法を考えて，問題を解決する．ORの基本的な考え方は鋭い問題意識とその解決へのアイデアの提供である．そのアイデアを具体的な実効性のあるものにして，問題を解決して，問題意識を持った現場，場面，対象を最適なものにしていくことである．

現状を把握して，現在，企業の経営がどうなっているのかを把握することは重要である．さらに，魅力的な新製品を開発して，新しく需要を創造することが企業の発展には不可欠である．そのためには，常に，問題意識を持ち，それを解決する手法を知っておくことが大切である．

計画的に情報を収集し，科学的に分析した情報を用いて，解決すべき問題を正確に捉えることができるのが，ORである．得られた解を鋭い感性とアイデアに基づいて，検討を加えることが重要である．それができるかどうかが，意思決定者に問われることになる．

ORには，多くの手法が提案されている．それを実際に使用することができるようにしておくことは，企業で活躍する人にとっては重要なことであると考える．本書は，ORの代表的な手法を説明し，問題の解き方を説明し，その問題に類似した演習を行う．このようにして，ORの手法を確実に理解してもらうことを目的としている．

企業において重要なことは，問題を発見することであり，ORを用いることによって，その問題を解決することができることを知ることである．さらに，得られた結果を用いて，関係の部門や経営層に対して適切な説明を行って，理解と協力を求め，経営上の意思決定を行い，実施に結びつけることである．

ORは現実的な問題の解決，効率的で効果的な経営のために広く使われてきた．しかし，まだその効果が充分に認識されていない．大企業，中小企業，公共団体，教育現場などの問題解決に，ORを応用，活用すれば大きな効果が期待できる分野も多い．

1.4 オペレーションズリサーチによる問題解決の限界

　本書で例題として取り上げている問題は机上でしてみて，理解がしやすいように小規模の問題にしてある．しかし，現実の問題は，変数やデータ量が多いのが普通である．この場合，OR 手法を実行するソフトウェアを購入して，コンピュータで処理することが現実的である．ソフトウェアにデータを入力すれば，短時間に解を求めることができる．もちろん，販売されていないソフトウェアの場合，本書の手法を実行できるようにプログラムを書けばよい．また，既存の手法を少し変形して実行しなければならない場合も，プログラムを書く必要がある．このように，数学の力を借りてモデル化して，コンピュータを活用して現実の問題を解くことになる．

　現実の問題を OR 手法で解くのであれば，各手法の背景にある問題意識，解決するための基本的なアイデアなどを理解しなければならない．各手法によって記述されたモデルを解くことはできるが，そのモデルが現実の問題をどれほど反映しているかを何もいっていない．現実の問題は複雑であるので，既存の手法だけで対応しきれないことも多い．そのような場合，従来の手法の結果を基礎として，その問題の特殊条件を加味して，解析結果を修正したり，解釈し直す必要がある．また，従来の手法を拡張することも必要になる．

　OR の基本は対象とする問題のモデル化である．モデルの正当性を証明することは難しいことを知って，モデル化する際に制約条件，目的関数が目的に合致しているかどうかを確認する必要がある．OR 手法は万能ではなく，それぞれに異なる特性があり，制約もあることを知っておく必要がある．

　本書で理解した手法を現実のデータ量の多い問題に適用する場合，市販のソフトで処理されることをお勧めする．また，現実の問題では，本書で取り上げた手法をそのまま使えないこともあるが，近似できるモデルに適用して近似値を求めて，モデルと現実の問題との違いを知り，その差だけ近似値がずれると考えると，問題が考えやすくなる．

1.5 課　題

1. OR による問題解決の流れを参考にして，これまでに出会った問題の 1 つを取り上げて，その問題を解決する流れを考えてみよ．

2. 第 2〜14 章のいずれかあるいはいくつかの手法を用いて，実際にありそうな問題を作成し，数学モデルを作り，解を求めて，実施方法を検討せよ．

第2章 線形計画法問題

2.1 目 的

線形計画法（Linear Programming, 略してLPという）は，ORの中で最も広く応用されている手法の1つである．対象とする問題の制約条件と目的関数を線形の等式や不等式で表し，制約条件を満足する解の中で目的関数を最適にする解を探索する方法である．このLPの最も一般的な解法が単体法（simplex法）である．基本概念を理解し，定式化を知る．単体法により，線形の制約条件の下で目的関数を最大にする最適解を求めて，解法を知る．

2.2 問題の定式化

線形計画法はいくつかの線形方程式あるいは線形不等式の制約条件の下で，線形の目的関数を最大あるいは最小にする解を見つけるものである．**制約条件**には，経済的に計量可能な量，資源の利用可能な量，輸送可能な量，販売可能な量，機械設備の収容量，動力や労力の限度などがあり，さらに，その制約が線形の等式または不等式で表現できるか，線形の式で近似しうる必要がある．**目的関数**には，利益，費用，生産量，効果などの最適化すべきものがあり，さらに，その関数が線形の関数として表現できるか，線形の関数で置き換えられる必要がある．

たとえば，製品を生産するために必要な材料の量とその使用可能な量が与えられていて，それらの製品を生産することによる利益がわかっているときに，利益を最大にするためのそれぞれの製品の生産量を求めるような問題は線形計画法を適用できる．このように線形計画法の応用例として，製品ごとの生産量を最適化するために工場や農場における生産計画問題，仕事を生産設備に最適に割り当てる問題，数種類の製品を生産するために必要な原料を最適に購入する問題，工場から小売店に製品を最適に輸送する問題，会社の人員を最適に配置する問題などがある．

ORでは問題を数式で表し，あいまいでない，正確な表現をする．それを**数学モデル**という．**線形計画法**の問題は一般に，次のように定式化される．

$$\left.\begin{array}{l} a_{11}x_1+a_{12}x_2+\cdots+a_{1n}x_n \leqq b_1 \\ a_{21}x_1+a_{22}x_2+\cdots+a_{2n}x_n \leqq b_2 \\ \cdots\cdots \\ a_{m1}x_1+a_{m2}x_2+\cdots+a_{mn}x_n \leqq b_m \\ x_1, x_2, \cdots, x_n \geqq 0 \end{array}\right\} \quad (2.1)$$

これらの制約条件の下で，**目的関数**

$$z = c_1x_1 + c_2x_2 + \cdots + c_nx_n \quad (2.2)$$

を最大とするような $x_1, x_2, \cdots, x_n$ の値を求める問題となる．ただし，$b_1, b_2, \cdots, b_m \geqq 0$ とする．b_i は利用可能な量である．係数 a_{ij} は各機械の加工時間や距離である．c_j は単位当たりの利益である．

式(2.1) は連立一次不等式であるので，このままでは解を一意に求めることができない．そこで，不等式を等式の連立一次式に変える．そのために，m 個の不等式のそれぞれの両辺の差を $x_{n+1}, x_{n+2}, \cdots, x_{n+m}$ とする．この変数を使うと，式(2.1) の不等式は次のように等式で表される．式(2.2) にこれらの変数を追加すると式(2.4) になる．この等式の制約条件だけを持つ線形計画法問題を**標準形線形計画法問題**という．

$$\left. \begin{aligned} a_{11}x_1 + a_{12}x_2 + \cdots + a_{1n}x_n + x_{n+1} &= b_1 \\ a_{21}x_1 + a_{22}x_2 + \cdots + a_{2n}x_n \quad\quad + x_{n+2} &= b_2 \\ \cdots\cdots & \\ a_{m1}x_1 + a_{m2}x_2 + \cdots + a_{mn}x_n \quad\quad\quad + x_{n+m} &= b_m \\ x_1, x_2, \cdots, x_n, x_{n+1}, x_{n+2}, \cdots, x_{n+m} &\geqq 0 \end{aligned} \right\} \tag{2.3}$$

$$z = c_1 x_1 + c_2 x_2 + \cdots + c_n x_n + c_{n+1} x_{n+1} + c_{n+2} x_{n+2} + \cdots + c_{n+m} x_{n+m} \tag{2.4}$$

ここで，変数 $x_{n+1}, x_{n+2}, \cdots, x_{n+m}$ を**スラック変数**という．$x_1, x_2, \cdots, x_n$ の値を任意に定め，式(2.3) から，スラック変数 $x_{n+1}, x_{n+2}, \cdots, x_{n+m}$ の値を定めれば，これらが式(2.3) の解になっている．係数 $c_{n+1}, c_{n+2}, \cdots, c_{n+m}$ は実際には，

$$c_{n+1} = c_{n+2} = \cdots = c_{n+m} = 0$$

とする．

たとえば，

$$x_1 = x_2 = \cdots = x_n = 0 \tag{2.5}$$

とすれば，式(2.3) にこれを代入すると，$b_i \geqq 0$ であるので，

$$x_{n+1} = b_1, \quad x_{n+2} = b_2, \quad \cdots, \quad x_{n+m} = b_m \tag{2.6}$$

となる．この変数の値を示す式(2.5) と式(2.6) を制約条件式(2.3) の下で，**実行可能解**という．このときの目的関数 z は，

$$z = c_{n+1} b_1 + c_{n+2} b_2 + \cdots + c_{n+m} b_m \tag{2.7}$$

しかし，この実行可能解が目的関数 z を最大にするとは限らない．そのために，$x_1, x_2, \cdots, x_n$ を変えて，式(2.4) に代入して，これ以外の解との比較をする必要がある．

式(2.3) からスラック変数を求めると，次のようになる．

$$\left. \begin{aligned} x_{n+1} &= b_1 - (a_{11}x_1 + a_{12}x_2 + \cdots + a_{1n}x_n) \\ x_{n+2} &= b_2 - (a_{21}x_1 + a_{22}x_2 + \cdots + a_{2n}x_n) \\ \cdots\cdots & \\ x_{n+m} &= b_m - (a_{m1}x_1 + a_{m2}x_2 + \cdots + a_{mn}x_n) \end{aligned} \right\} \tag{2.8}$$

式(2.4) に式(2.8) を代入すると，

$$\begin{aligned} z &= c_1 x_1 + c_2 x_2 + \cdots + c_n x_n + c_{n+1}\{b_1 - (a_{11}x_1 + a_{12}x_2 + \cdots + a_{1n}x_n)\} \\ &\quad + c_{n+2}\{b_2 - (a_{21}x_1 + a_{22}x_2 + \cdots + a_{2n}x_n)\} \\ &\quad + \cdots + c_{n+m}\{b_m - (a_{m1}x_1 + a_{m2}x_2 + \cdots + a_{mn}x_n)\} \\ &= c_{n+1} b_1 + c_{n+2} b_2 + \cdots + c_{n+m} b_m - \{c_{n+1}(a_{11}x_1 + a_{12}x_2 + \cdots + a_{1n}x_n) \end{aligned}$$

$$+c_{n+2}(a_{21}x_1+a_{22}x_2+\cdots+a_{2n}x_n)+\cdots+c_{n+m}(a_{m1}x_1+a_{m2}x_2+\cdots+a_{mn}x_n)\}$$
$$+c_1x_1+c_2x_2+\cdots+c_nx_n$$
$$=c_{n+1}b_1+c_{n+2}b_2+\cdots+c_{n+m}b_m$$
$$-\{(c_{n+1}a_{11}+c_{n+2}a_{21}+\cdots+c_{n+m}a_{m1}-c_1)x_1$$
$$+(c_{n+1}a_{12}+c_{n+2}a_{22}+\cdots+c_{n+m}a_{m2}-c_2)x_2+\cdots \qquad (2.9)$$
$$+(c_{n+1}a_{1n}+c_{n+2}a_{2n}+\cdots+c_{n+m}a_{mn}-c_n)x_n\}$$

ここで，
$$y_0=c_{n+1}b_1+c_{n+2}b_2+\cdots+c_{n+m}b_m$$
$$y_j=(c_{n+1}a_{1j}+c_{n+2}a_{2j}+\cdots+c_{n+m}a_{mj})-c_j, \quad j=1, 2, \cdots, n \qquad (2.10)$$

とする．これを式(2.9)に代入すると，
$$z=y_0-(y_1x_1+y_2x_2+\cdots+y_jx_j+\cdots+y_nx_n) \qquad (2.11)$$

となる．さらに，
$$z_j=c_{n+1}a_{1j}+c_{n+2}a_{2j}+\cdots+c_{n+m}a_{mj}$$

とおけば，式(2.10)は次のようになる．
$$y_j=z_j-c_j, \quad j=1, 2, \cdots, n$$

式(2.7)の実行可能解の目的関数zは，
$$z=y_0$$

となる．一般に，$b_i\geqq 0$であるので，各x_iの値を0から正の方向に変えてよいことになる．そこで，x_jの値だけを正の方向に変えて，それ以外のx_iの値を0にしておくと，$y_j>0$であれば，目的関数zはc_jずつ減少し，$y_j<0$であれば，目的関数zはc_jずつ増加していく．

そこで，$y_j<0$の場合，スラック変数x_{n+1}, x_{n+2}, $\cdots$, x_{n+m}のどれか1つが0になるまで，x_jの値を徐々に大きくする．このように，すべてのx_jについて目的関数zが増加するように変えていくと，x_1, x_2, $\cdots$, x_n, x_{n+1}, x_{n+2}, $\cdots$, x_{n+m}の$(n+m)$個の変数の中でn個の変数が0になり，m個の変数が正になり，すべてのjについて$y_j\geqq 0$になる．このとき，目的関数zが最大値となり，**最適解**になっている．

すべてのjについて，**シンプレックス基準**
$$y_j=z_j-c_j\geqq 0 \qquad (2.12)$$
が成り立つならば，この実行可能解は他のどの解よりも最適な状態にある．また，ある実行可能解が最適であるための必要十分条件は，シンプレックス基準が成立することである．シンプレックス基準が成立しなければ，成立しないjについて，より最適な実行可能解が存在する．

この考えに基づいて，次に単体法と呼ばれている線形計画法の解法を説明する．**単体法**は，すべての実行可能基底解を求める代わりに，ある実行可能基底解から出発して目的関数の値をより大きくする実行可能基底解に移行しながら最適解に達しようとするもので，計算はすべて**表2.1**に示すシンプレックス表の上で消去算をもとに進められる．

①最初のシンプレックス表の作成

基底解とは，式(2.3)の中の$n-m$個の変数の値を0にして，残りのm個の変数について解い

て，得られる解のことである．この m 個の変数を**基底変数**という．表2.1のシンプレックス表を以下の手順で記入する．

(1) まず，式(2.5) から $x_1=x_2=\cdots=x_n=0$ として，基底変数をスラック変数 $x_{n+1}, x_{n+2}, \cdots, x_{n+m}$ とする．この変数名を表2.1の左端に記入する．

(2) 基底変数の値の欄に式(2.6) から，それぞれの $x_{n+1}=b_1, x_{n+2}=b_2, \cdots, x_{n+m}=b_m$ の値を記入する．この列がすべて非負であることを確認する．

(3) 次に，第1行〜第 m 行に式(2.3)の係数を記入する．

(4) 目的関数の値として，$z_j=0$ を記入する．

(5) シンプレックス基準 $y_j=-c_j$ $(j=1,2,\cdots,n)$ の $-c_j$ の値を最下行に記入する．この行を判定基準行という．

表2.1 最初のシンプレックス表

基底変数	基底変数の値	x_1	x_2	……	x_n	x_{n+1}	x_{n+2}	……	x_{n+m}
x_{n+1}	b_1	a_{11}	a_{12}	……	a_{1n}	1	0	……	0
x_{n+2}	b_2	a_{21}	a_{22}	……	a_{2n}	0	1	……	0
⋮	⋮	⋮	⋮		⋮	⋮	⋮		⋮
x_{n+m}	b_m	a_{m1}	a_{m2}	……	a_{mn}	0	0	……	1
z	0	y_1	y_2	……	y_n	0	0	……	0

②判定基準行（表の最後の行）の検証

(6) 判定基準行で $y_j \geqq 0$ $(j=1,2,\cdots,n)$ かどうかを調べる．すべての j について $y_j \geqq 0$ であれば，最適解が求まったことになり，操作を終了し，手順(13)に行く．そうでなければ，手順(7)に行く．

③入れ替える基底変数の決定

(7) 判定基準行で最小の列 j に着目する．基底変数の値 b_i を第 j 列の正の係数 a_{ij} で割った値 θ_i は増加する限界を示している．増加限界の列を表2.1の右に追加し，その θ_i の値を増加限界の列に記入する．

$$\theta_i = b_i/a_{ij}, \quad a_{ij} > 0 \ (i=1,2,\cdots,m) \tag{2.13}$$

(8) θ_i の最小値の行 i を探す．その第 i 行が操作対象になる．

(9) これによって，基底変数から x_i が出て行き，その代わりに基底変数に x_j が入ることになる．

④シンプレックス表の書き換え

a_{ij} を枢軸要素として次のような掃出し計算をする．′のついた要素は，掃出し後の要素である．一般のシンプレックス表は，**表2.2**のような形をしている．この表は最初の表2.1が以下に述べる基底変数の入れ替えによって変化したものである．

(10) 係数 a_{ij} を1にするために，第 i 行の係数をすべて係数 a_{ij} で割る．基底変数の値 b_i も係数 a_{ij} で割る．

$$\left.\begin{array}{l} a'_{ik} = a_{ik}/a_{ij}, \quad k=1,2,\cdots,n+m \\ b'_i = b_i/a_{ij} \end{array}\right\} \tag{2.14}$$

(11) 第 j 列の第 i 行以外の係数を0にするために，第 i 行以外の係数である第 r 行（$r=1,2,\cdots$,

$i-l$, $i+l$, $\cdots$, m) の各係数について，次の操作をする．

$$
\left.\begin{array}{l}
a'_{rk}=a_{rk}-a_{rj}a'_{ik}, \quad k=1,2,\cdots,n,n+1,\cdots,n+m \\
b'_r=b_r-a_{rj}b'_r \\
z'_0=z_0-c_jb'_r \\
-c'_k=-c_k-c_ja'_{ik}
\end{array}\right\} \tag{2.15}
$$

(12) 手順 (6) 〜 (11) を繰り返す．

⑤ 最適解の決定

(13) 表 2.2 の基底変数とその値より，最適解は次のようになる．基底変数でない変数は全て 0 である．

$$x_{i1}=b'_1, x_{i2}=b'_2, \cdots, x_{im}=b'_m, z=z_0 \tag{2.16}$$

表 2.2 一般のシンプレックス表

基底変数	基底変数の値	x_1	x_2	$\cdots\cdots$	x_{ir}	$\cdots\cdots$	x_s	$\cdots\cdots$	x_{n+m}	増加限界
x_{i1}	b_1	a_{11}	a_{12}	$\cdots\cdots$	0	$\cdots\cdots$	a_{1s}	$\cdots\cdots$	$a_{1,n+m}$	θ_1
x_{i2}	b_2	a_{21}	a_{22}	$\cdots\cdots$	0	$\cdots\cdots$	a_{2s}	$\cdots\cdots$	$a_{2,n+m}$	θ_2
$\vdots$	$\vdots$	$\vdots$	$\vdots$		$\vdots$		$\vdots$		$\vdots$	$\vdots$
x_{ir}	b_r	a_{r1}	a_{r2}	$\cdots\cdots$	1	$\cdots\cdots$	a_{rs}	$\cdots\cdots$	$a_{r,n+m}$	θ_r
$\vdots$	$\vdots$	$\vdots$	$\vdots$		$\vdots$		$\vdots$		$\vdots$	$\vdots$
x_{im}	b_m	a_{m1}	a_{m2}	$\cdots\cdots$	0	$\cdots\cdots$	a_{ms}	$\cdots\cdots$	$a_{m,n+m}$	θ_m
z	z_0	y_1	y_2	$\cdots\cdots$	0	$\cdots\cdots$	y_s	$\cdots\cdots$	y_{n+m}	

　これまで，最大化問題の解法を説明した．**最小化問題**は次のようにすれば，最大化問題の解法を使うことができる．まず，最小化問題の目的関数を次のようであるとする．

$$z'=c_1x_1+c_2x_2+\cdots+c_nx_n \tag{2.17}$$

この符号を変えて，次のように書き直すことができる．

$$z=-z'=(-c_1)x_1+(-c_2)x_2+\cdots+(-c_n)x_n \tag{2.18}$$

これを目的関数として，式 (2.2) と考えれば，最小化問題を最大化問題に帰着できる．

2.3　問題の解法

　ある会社では機械 M_1, M_2, M_3, M_4 を用いて製品 P_1, P_2 を作っている．各製品とも M_1, M_2, M_3, M_4 で加工しなければならない．製品 1 トンを作るために必要な加工時間は表 2.3 のとおりである．この製品の 1 トン当たりの利益および各機械の月間操業時間は，それぞれ表 2.3 の右端の列と最下段の行のとおりである．利益を最大にするには，製品 P_1, P_2 を 1 ヶ月当たり何トンずつ生産すればよいか．また，そのときの利益は 1 ヶ月にいくらか．

表 2.3　製品の製造に必要な加工時間と利益

トン当たり加工時間　製品	機械　M_1	M_2	M_3	M_4	利益 (10万円/トン)
P_1	1	2	3	7	3
P_2	7	4	4	3	5
月間操業時間 (時間)	140	100	120	210	

いま，P_1，P_2 の月間生産トン数を x_1，x_2 とする．問題は，

$$\left.\begin{array}{r} x_1+7x_2 \leqq 140 \\ 2x_1+4x_2 \leqq 100 \\ 3x_1+4x_2 \leqq 120 \\ 7x_1+3x_2 \leqq 210 \\ x_1, \ x_2 \geqq 0 \end{array}\right\} \quad (2.19)$$

の下で，利益

$$z = 3x_1 + 5x_2$$

を最大化することである．式(2.19)に非負のスラック変数 x_3，x_4，x_5，x_6 を導入して等式化する．

$$\left.\begin{array}{r} x_1+7x_2+x_3 \qquad\qquad\qquad = 140 \\ 2x_1+4x_2 \quad +x_4 \qquad\qquad = 100 \\ 3x_1+4x_2 \qquad\quad +x_5 \quad\; = 120 \\ 7x_1+3x_2 \qquad\qquad\quad +x_6 = 210 \end{array}\right\} \quad (2.20)$$

この式について，2.2節で説明した操作①〜⑤を実行して，最適解を求める．

① 最初のシンプレックス表の作成

表 2.4 のシンプレックス表に以下の手順で記入する．

(1) 式(2.5)から $x_1=x_2=0$ として，基底変数をスラック変数 x_3，x_4，x_5，x_6 とする．変数名を表2.4の左端に記入する．

(2) 基底変数の値の欄に式(2.20)から，それぞれの $x_3=b_1=140$，$x_4=b_2=100$，$x_5=b_3=120$，$x_6=b_4=210$ の値を記入する．この列がすべて非負であることを確認する．

(3) 次に，第1行〜第4行に式(2.20)の係数を記入する．

(4) 目的関数の初期値として，$z=0$ を記入する．

(5) シンプレックス基準 $y_1=-c_1=-3$，$y_2=-c_2=-5$ の値を最下行の第5行に記入する．

表 2.4 最初のシンプレックス表

基底変数	基底変数の値	x_1	x_2	x_3	x_4	x_5	x_6	増加限界
x_3	140	1	7	1	0	0	0	
x_4	100	2	4	0	1	0	0	
x_5	120	3	4	0	0	1	0	
x_6	210	7	3	0	0	0	1	
z	0	-3	-5	0	0	0	0	

② 判定基準行（表の最後の行）の検証

(6) 判定基準行で $y_j \geqq 0$（$j=1,2,\cdots,6$）かどうかを調べる．$y_j \leqq 0$（$j=1,2$）であるので，次の手順(7)に行く．

③ 入れ替える基底変数の決定

(7) 判定基準行で y_j が最小の列は $j=2$ である．基底変数の値 b_i を第2列の正の係数 a_{i2} で割って，θ_i を求め，その値を**表 2.5** の増加限界の列に記入する．

$\theta_i = b_i/a_{i2}, \quad (i=1, 2, 3, 4)$

(8) θ_i の最小値の行 i を探す．その行は $i=1$ である．

(9) これによって，基底変数から x_3 が出て行き，その代わりに基底変数に x_2 が入ることになる．第2列にある変数を第1行の基底変数に入れる．

表 2.5　第1ステップのシンプレックス表1

基底変数	基底変数の値	x_1	x_2	x_3	x_4	x_5	x_6	増加限界
x_3	140	1	**7**	1	0	0	0	20
x_4	100	2	4	0	1	0	0	25
x_5	120	3	4	0	0	1	0	30
x_6	210	7	3	0	0	0	1	70
z	0	-3	-5	0	0	0	0	

④シンプレックス表の書き換え

a_{12} を枢軸要素として次のような掃出し計算をする．′のついた要素は，掃出し後の要素である．表 2.6 は表 2.5 が以下に述べる基底変数の入れ替えによって変化したものである．

(10) 係数 a_{12} を1にするために，第1行の係数をすべて係数 $a_{12}=7$ で割る．基底変数の値 b_1 も係数 a_{12} で割る．

$a'_{1k} = a_{1k}/a_{12}, \quad k=1, 2, \cdots, 6$

$b'_1 = b_1/a_{12}$

第1行について，次の操作をする．

$a'_{11} = a_{11}/a_{12} = 1/7 = 0.1429$

$a'_{12} = a_{12}/a_{12} = 7/7 = 1$

$a'_{13} = a_{13}/a_{12} = 1/7 = 0.1429$

$a'_{14} = a_{14}/a_{12} = 0/7 = 0$

$a'_{15} = a_{15}/a_{12} = 0/7 = 0$

$a'_{16} = a_{16}/a_{12} = 0/7 = 0$

$b'_1 = b_1/a_{12} = 140/7 = 20$

この結果，表 2.6 の第1行が得られる．

表 2.6　第1ステップのシンプレックス表2

基底変数	基底変数の値	x_1	x_2	x_3	x_4	x_5	x_6	増加限界
x_2	20	0.1429	1	0.1429	0	0	0	20
x_4	100	2	4	0	1	0	0	25
x_5	120	3	4	0	0	1	0	30
x_6	210	7	3	0	0	0	1	70
z	0	-3	-5	0	0	0	0	

(11) 第2列の第1行以外の係数 a_{i2} を0にするために，第1行以外の係数である第 i 行（$i=2, 3, 4, 5$）の各係数について，次の操作をする．

$a'_{ik} = a_{ik} - a_{i2}a'_{1k}, \quad k=1, 2, \cdots, 6$

$b'_i = b_i - a_{i2}b'_1$

$z'_0 = z_0 - c_2 b'_1$

$$-c'_k = -c_k - c_2 a'_{1k}$$

たとえば，第 2 行の係数 a_{22} を 0 にするために，第 2 行の係数 a_{2k}（$k=1,2,3,4,5$）と b_2 について，次の操作をする．

$a'_{21} = a_{21} - a_{22} a'_{11} = 2 - 4/7 = 1.4286$
$a'_{22} = a_{22} - a_{22} a'_{12} = 4 - 4 \times 1 = 0$
$a'_{23} = a_{23} - a_{22} a'_{13} = 0 - 4 \times 1/7 = -0.5714$
$a'_{24} = a_{24} - a_{22} a'_{14} = 1 - 4 \times 0 = 1$
$a'_{25} = a_{25} - a_{22} a'_{15} = 0 - 4 \times 0 = 0$
$a'_{26} = a_{26} - a_{22} a'_{16} = 0 - 4 \times 0 = 0$
$b'_2 = b_2 - a_{22} b'_1 = 100 - 4 \times 20 = 20$

この結果を**表 2.7** の第 2 行に書き込む．同様にして，$a'_{32}=0$ にするために第 3 行について計算する．

$a'_{31} = a_{31} - a_{32} a'_{11} = 3 - 4 \times 1/7 = 2.4286$
$a'_{32} = a_{32} - a_{32} a'_{12} = 4 - 4 \times 1 = 0$
$a'_{33} = a_{33} - a_{32} a'_{13} = 0 - 4 \times 1/7 = -0.5714$
$a'_{34} = a_{34} - a_{32} a'_{14} = 0 - 4 \times 0 = 0$
$a'_{35} = a_{35} - a_{32} a'_{15} = 1 - 4 \times 0 = 1$
$a'_{36} = a_{36} - a_{32} a'_{16} = 0 - 4 \times 0 = 0$
$b'_3 = b_3 - a_{32} b'_1 = 120 - 4 \times 20 = 40$

同様にして，$a'_{42}=0$ にするために第 4 行について計算する．

$a'_{41} = a_{41} - a_{42} a'_{11} = 7 - 3 \times 1/7 = 6.571$
$a'_{42} = a_{42} - a_{42} a'_{12} = 3 - 3 \times 1 = 0$
$a'_{43} = a_{43} - a_{42} a'_{13} = 0 - 3 \times 1/7 = -0.429$
$a'_{44} = a_{44} - a_{42} a'_{14} = 0 - 3 \times 0 = 0$
$a'_{45} = a_{45} - a_{42} a'_{15} = 0 - 3 \times 0 = 0$
$a'_{46} = a_{46} - a_{42} a'_{16} = 1 - 3 \times 0 = 1$
$b'_4 = b_4 - a_{42} b'_1 = 210 - 3 \times 20 = 150$

同様にして，$-c'_2=0$ にするために第 5 行について計算する．

$z'_0 = z_0 - c_2 b'_1 = 0 - (-5) \times 20 = 100$
$-c'_1 = -c_1 - c_2 a'_{11} = -3 - (-5) \times 1/7 = -2.286$
$-c'_2 = -c_2 - c_2 a'_{12} = -5 - (-5) \times 1 = 0$
$-c'_3 = -c_3 - c_2 a'_{13} = 0 - (-5) \times 1/7 = 0.714$
$-c'_4 = -c_4 - c_2 a'_{14} = 0 - (-5) \times 0 = 0$
$-c'_5 = -c_5 - c_2 a'_{15} = 0 - (-5) \times 0 = 0$
$-c'_6 = -c_6 - c_2 a'_{16} = 0 - (-5) \times 0 = 0$

その結果，表 2.7 の第 3, 4, 5 行が得られる．

表 2.7 第1ステップのシンプレックス表3

基底変数	基底変数の値	x_1	x_2	x_3	x_4	x_5	x_6	増加限界
x_2	20	0.143	**1**	0.1429	0	0	0	20
x_4	20	1.429	0	-0.572	1	0	0	25
x_5	40	2.429	0	-0.572	0	1	0	30
x_6	150	6.571	0	-0.429	0	0	1	70
z	100	-2.286	0	0.7140	0	0		

(12) 手順（6）〜（11）を繰り返す．

②判定基準行（表の最後の行）の検証

(6) 判定基準行で $y_j \geqq 0$ ($j=1, 2, \cdots, 6$) かどうかを調べる．$j=1$ について $y_1=-2.286 \leqq 0$ であるので，次の手順（7）に行く．

③入れ替える基底変数の決定

(7) 判定基準行で y_j が最小の列は $j=1$ である．基底変数の値 b_i を第1列の正の係数 a_{i1} で割って，θ_i を求め，その値を表 2.8 の増加限界の列に記入する．

$$\theta_i = b_i / a_{i1}, \quad (i=1, 2, 3, 4)$$

(8) θ_i の最小値の行 i を探すと，$i=2$ である．

(9) これによって，基底変数から x_4 が出て行き，その代わりに基底変数に x_1 が入ることになる．

表 2.8 第2ステップのシンプレックス表1

基底変数	基底変数の値	x_1	x_2	x_3	x_4	x_5	x_6	増加限界
x_2	20	0.143	1	0.143	0	0	0	140
x_4	20	**1.429**	0	-0.572	1	0	0	14
x_5	40	2.429	0	-0.572	0	1	0	16.471
x_6	150	6.571	0	-0.429	0	0	1	22.826
z	100	-2.286	0	0.714	0	0	0	

④シンプレックス表の書き換え

a_{21} を枢軸要素として次のような掃出し計算をする．表 2.9 は表 2.8 が以下に述べる基底変数の入れ替えによって変化したものである．

(10) 係数 a_{21} を1にするために，第2行の係数をすべて係数 $a_{21}=1.429$ で割る．基底変数の値 b_2 も係数 a_{21} で割る．

$$a'_{2k} = a_{2k}/a_{21}, \quad k=1, 2, \cdots, 6$$

$$b'_2 = b_2/a_{21}$$

この結果，表 2.9 の第2行が得られる．

表 2.9 第2ステップのシンプレックス表2

基底変数	基底変数の値	x_1	x_2	x_3	x_4	x_5	x_6	増加限界
x_2	20	0.143	1	0.143	0	0	0	140
x_1	14	**1**	0	-0.400	0.7	0	0	14
x_5	40	2.429	0	-0.572	0	1	0	16.471
x_6	150	6.571	0	-0.429	0	0	1	22.826
z	100	-2.286	0	0.714	0	0	0	

(11) 第1列の第2行以外の係数 a_{i1} を0にするために，第2行以外の係数である第 i 行（$i=1,3,4,5$）の各係数について，次の操作をする．

$a'_{ik} = a_{ik} - a_{i1} a'_{2k}, \quad k=1, 2, \cdots, 6$

$b'_i = b_i - a_{i1} b'_2$

$z'_0 = z_0 - c_1 b'_2$

$-c'_k = -c_k - c_1 a'_{2k}$

この結果，表2.10の第1, 3, 4, 5行が得られる．

表2.10 第2ステップのシンプレックス表3

基底変数	基底変数の値	x_1	x_2	x_3	x_4	x_5	x_6	増加限界
x_2	18	0	1	0.2	-0.1	0	0	140
x_1	14	1	0	-0.4	0.7	0	0	14
x_5	6	0	0	0.4	-1.7	1	0	16.471
x_6	58	0	0	2.2	-4.6	0	1	22.826
z	132	0	0	-0.2	1.6	0	0	

(12) 手順 (6)〜(11) を繰り返す．

②判定基準行（表の最後の行）の検証

(6) 判定基準行で $y_j \geqq 0$（$j=1, 2, \cdots, 6$）かどうかを調べる．$j=3$ について $y_3 = -0.2 \leqq 0$ であるので，次の手順 (7) に行く．

③入れ替える基底変数の決定

(7) 判定基準行で最小の列は $j=3$ である．基底変数の値 b_i を第3列の正の係数 a_{i3} で割って，θ_i を求め，その値を表2.11の増加限界の列に記入する．

$\theta_i = b_i / a_{i3}, \quad (i=1, 3, 4)$

(8) θ_i の最小値の行 i を探すと，$i=3$ である．

(9) これによって，基底変数から x_5 が出て行き，その代わりに基底変数に x_3 が入ることになる．

表2.11 第3ステップのシンプレックス表1

基底変数	基底変数の値	x_1	x_2	x_3	x_4	x_5	x_6	増加限界
x_2	18	0	1	0.2	-0.1	0	0	89.910
x_1	14	1	0	-0.4	0.7	0	0	
x_5	6	0	0	0.4	-1.7	1	0	14.984
x_6	58	0	0	2.2	-4.6	0	1	26.337
z	132	0	0	-0.2	1.6	0	0	

④シンプレックス表の書き換え

a_{33} を枢軸要素として次のような掃出し計算をする．表2.12は表2.11が以下に述べる基底変数の入れ替えによって変化したものである．

(10) 係数 a_{33} を1にするために，第3行の係数をすべて係数 $a_{33}=0.4$ で割る．基底変数の値 b'_3 も係数 a_{33} で割る．

$a'_{3k} = a_{3k} / a_{33}, \quad k=1, 2, \cdots, 6$

$$b'_3 = b_3/a_{33}$$

この結果，表 2.12 の第 3 行が得られる．

表 2.12 第 3 ステップのシンプレックス表 2

基底変数	基底変数の値	x_1	x_2	x_3	x_4	x_5	x_6	増加限界
x_2	18	0	1	0.2	-0.1	0	0	89.910
x_1	14	1	0	-0.4	0.7	0	0	
x_3	15	0	0	1	-4.3	2.5	0	14.984
x_6	58	0	0	2.2	-4.6	0	1	26.337
z	132	0	0	-0.2	1.6	0	0	

(11) 第 3 列の第 3 行以外の係数 a_{i3} ($i=1,2,4,5$) を 0 にするために，第 3 行以外の係数である第 i 行 ($i=1,2,4,5$) の各係数について，次の操作をする．

$$a'_{ik} = a_{ik} - a_{i3}a'_{3k}, \quad k=1,2,\cdots,6$$
$$b'_i = b_i - a_{i3}b'_3$$
$$z'_0 = z_0 - c_3 b'_3$$
$$-c'_k = -c_k - c_3 a'_{3k}$$

この結果，表 2.13 の第 1, 2, 4, 5 行が得られる．

表 2.13 第 3 ステップのシンプレックス表 3

基底変数	基底変数の値	x_1	x_2	x_3	x_4	x_5	x_6	増加限界
x_2	15	0	1	0	0.751	-0.50	0	89.910
x_1	20	1	0	0	-1	1	0	
x_3	15	0	0	1	-4.3	2.5	0	14.984
x_6	25	0	0	0	4.759	-5.506	1	26.337
z	135	0	0	0	0.746	0.502	0	

(12) 手順 (6) ～ (11) を繰り返す．

②判定基準行（表の最後の行）の検証

(6) 判定基準行で $y_j \geqq 0$ ($j=1,2,\cdots,6$) かどうかを調べる．すべての列で $y_j \geqq 0$ であり，負の要素がないので，最適解が求まったことになり，操作を終了する．手順 (13) に行く．

⑤最適解の決定

(13) 最適解は式 (2.16) から次のようになる．

$$x_1=20, \quad x_2=15, \quad x_3=15, \quad x_4=0, \quad x_5=0, \quad x_6=25$$

このとき，目的関数は $z=135$ となる．したがって，1 ヶ月当たり製品 P_1 を 20 トン，P_2 を 15 トンずつを生産するとよい．そのときの利益は月当たり 1350 万円となる．

2.4 演 習

ある会社では材料 M_1, M_2, M_3, M_4 を用いて製品 P_1, P_2 を生産している．各製品とも M_1, M_2, M_3, M_4 を用いなければならない．製品 1 トンを作るために必要な材料は**表 2.14** のとおりである．この製品の 1 単位（トン）当たりの利益および各材料の使用可能量は，それぞれ表 2.14 の

右端と最下行の通りである．最大の利益を得るには，製品 P_1，P_2 を1日当たり何単位（トン）ずつ生産すればよいか．また，そのときの利益は1日にいくらか．

表2.14 製品の製造に必要な材料の量（kg）と利益（10万円）

トン当たり必要量 \ 機械 製品	M_1	M_2	M_3	M_4	利益（10万円/トン）
P_1	1	2	5	1	5
P_2	4	2	2	3	9
使用可能量（kg）	192	120	220	150	

いま，P_1，P_2 の1日当たり生産トン数を x_1，x_2 とする．問題は，

$$\left.\begin{array}{l}(\ )x_1+(\ )x_2\leqq(\quad)\\(\ )x_1+(\ )x_2\leqq(\quad)\\(\ )x_1+(\ )x_2\leqq(\quad)\\(\ )x_1+(\ )x_2\leqq(\quad)\\x_1,\ x_2\geqq 0\end{array}\right\} \quad (2.21)$$

の下で，利益

$$z=(\ )x_1+(\ )x_2$$

を最大化することである．式(2.21)に非負のスラック変数 x_3，x_4，x_5，x_6 を導入して等式化する．

$$\left.\begin{array}{l}(\ )x_1+(\ )x_2+(\ )x_3\qquad\qquad\qquad\qquad=(\quad)\\(\ )x_1+(\ )x_2\qquad\ \ +(\ )x_4\qquad\qquad\qquad=(\quad)\\(\ )x_1+(\ )x_2\qquad\qquad\qquad+(\ )x_5\qquad\ \ =(\quad)\\(\ )x_1+(\ )x_2\qquad\qquad\qquad\qquad\quad+(\ )x_6=(\quad)\end{array}\right\} \quad (2.22)$$

この式について，操作①〜⑤を実行して，最適解を求める．

①最初のシンプレックス表の作成

表2.15のシンプレックス表に以下の手順で記入する．

(1) 式(2.22)から $x_1=x_2=0$ として，基底変数をスラック変数 x_3，x_4，x_5，x_6 とする．変数名を表2.15の左端に記入する．

(2) 基底変数の値の欄に式(2.22)から，それぞれの $x_3=b_1=(\quad)$，$x_4=b_2=(\quad)$，$x_5=b_3=(\quad)$，$x_6=b_4=(\quad)$ の値を記入する．この列がすべて非負であることを確認する．

(3) 次に，第1行〜第4行に式(2.22)の係数を記入する．

(4) 目的関数の初期値として，$z=(\ )$ を記入する．

表2.15 最初のシンプレックス表

基底変数	基底変数の値	x_1	x_2	x_3	x_4	x_5	x_6	増加限界
x_3								
x_4								
x_5								
x_6								
z								

(5) シンプレックス基準 $y_1=-c_1=(\ \ )$, $y_2=-c_2=(\ \ )$ の値を最下行の第5行に記入する．

②判定基準行（表の最後の行）の検証

(6) 判定基準行で $y_j\geqq 0\ (j=1,2,\cdots,6)$ かどうかを調べる．$y_j(\ \ )0\ (j=\ \ \ \ \ )$ であるので，次の手順（7）に行く．

③入れ替える基底変数の決定

(7) 判定基準行で y_j が最小の列は $j=(\ \ )$ である．基底変数の値 b_i を第（ ）列の正の係数（ ）で割って，θ_i を求め，その値を**表2.16**の増加限界の列に記入する．

$\theta_i=b_i/(\ \ \ \ )$, $\quad (i=1,2,3,4)$

(8) θ_i の最小値の行 i を探す．その行は $i=(\ \ )$ である．

(9) これによって，基底変数から $x_{(\ \ )}$ が出て行き，その代わりに基底変数に $x_{(\ \ )}$ が入ることになる．

表2.16　第1ステップのシンプレックス表1

基底変数	基底変数の値	x_1	x_2	x_3	x_4	x_5	x_6	増加限界
x_3								
x_4								
x_5								
x_6								
z								

④シンプレックス表の書き換え

$a_{(\ \ )}$ を枢軸要素として次のような掃出し計算をする．′のついた要素は，掃出し後の要素である．**表2.17**は表2.16が以下に述べる基底変数の入れ替えによって変化したものである．

(10) 係数 $a_{(\ \ )}$ を1にするために，第（ ）行の係数をすべて係数 $a_{(\ \ )}=(\ \ \ )$ で割る．基底変数の値 $b'_{(\ \ )}$ も係数 $a_{(\ \ )}$ で割る．

$a'_{(\ \ )}=a_{(\ \ )}/a_{(\ \ )}$, $\quad k=1,2,\cdots,6$

$b'_{(\ \ )}=b_{(\ \ )}/a_{(\ \ )}$

第（ ）行について，次の操作をする．

$a'_{(\ \ )}=a_{(\ \ )}/a_{(\ \ )}=(\ \ \ )$

$a'_{(\ \ )}=a_{(\ \ )}/a_{(\ \ )}=(\ \ \ )$

$a'_{(\ \ )}=a_{(\ \ )}/a_{(\ \ )}=(\ \ \ )$

$a'_{(\ \ )}=a_{(\ \ )}/a_{(\ \ )}=(\ \ \ )$

$a'_{(\ \ )}=a_{(\ \ )}/a_{(\ \ )}=(\ \ \ )$

$a'_{(\ \ )}=a_{(\ \ )}/a_{(\ \ )}=(\ \ \ )$

$b'_{(\ \ )}=b_{(\ \ )}/a_{(\ \ )}=(\ \ \ )$

表2.17　第1ステップのシンプレックス表2

基底変数	基底変数の値	x_1	x_2	x_3	x_4	x_5	x_6	増加限界
z								

この結果，表2.17の第（ ）行が得られる．

(11) 第（ ）列の第（ ）行以外の係数 $a_{(\ )}$ を0にするために，第（ ）行以外の係数である第 i 行（$i=$　　　）の各係数について，次の操作をする．

$a'_{(\ )}=a_{(\ )}-a_{(\ )}a'_{(\ )}, \quad k=1,2,\cdots,6$

$b'_{(\ )}=b_{(\ )}-a_{(\ )}b'_{(\ )}$

$z'_0=z_0-c_{(\ )}b'_{(\ )}$

$-c'_k=-c_k-c_{(\ )}a'_{(\ )}$

第（ ）行の係数 $a_{(\ )}$ を0にするために，第（ ）行の係数 $a_{(\ )}$（$k=$　　　）と $b_{(\ )}$ について，次の操作をする．

$a'_{(\ )}=a_{(\ )}-a_{(\ )}a'_{(\ )}=(\ )-(\ )\times(\ )=(\ )$

$a'_{(\ )}=a_{(\ )}-a_{(\ )}a'_{(\ )}=(\ )-(\ )\times(\ )=(\ )$

$a'_{(\ )}=a_{(\ )}-a_{(\ )}a'_{(\ )}=(\ )-(\ )\times(\ )=(\ )$

$a'_{(\ )}=a_{(\ )}-a_{(\ )}a'_{(\ )}=(\ )-(\ )\times(\ )=(\ )$

$a'_{(\ )}=a_{(\ )}-a_{(\ )}a'_{(\ )}=(\ )-(\ )\times(\ )=(\ )$

$a'_{(\ )}=a_{(\ )}-a_{(\ )}a'_{(\ )}=(\ )-(\ )\times(\ )=(\ )$

$b'_{(\ )}=b_{(\ )}-a_{(\ )}b'_{(\ )}=(\ )-(\ )\times(\ )=(\ )$

以上の結果を**表2.18**の第（ ）行に書き込む．同様にして，$a'_{(\ )}=0$ にするために第（ ）行について計算する．

$a'_{(\ )}=a_{(\ )}-a_{(\ )}a'_{(\ )}=(\ )-(\ )\times(\ )=(\ )$

$a'_{(\ )}=a_{(\ )}-a_{(\ )}a'_{(\ )}=(\ )-(\ )\times(\ )=(\ )$

$a'_{(\ )}=a_{(\ )}-a_{(\ )}a'_{(\ )}=(\ )-(\ )\times(\ )=(\ )$

$a'_{(\ )}=a_{(\ )}-a_{(\ )}a'_{(\ )}=(\ )-(\ )\times(\ )=(\ )$

$a'_{(\ )}=a_{(\ )}-a_{(\ )}a'_{(\ )}=(\ )-(\ )\times(\ )=(\ )$

$a'_{(\ )}=a_{(\ )}-a_{(\ )}a'_{(\ )}=(\ )-(\ )\times(\ )=(\ )$

$b'_{(\ )}=b_{(\ )}-a_{(\ )}b'_{(\ )}=(\ )-(\ )\times(\ )=(\ )$

以上の結果を表2.18の第（ ）行に書き込む．同様にして，$a'_{(\ )}=0$ にするために第（ ）行について計算する．

$a'_{(\ )}=a_{(\ )}-a_{(\ )}a'_{(\ )}=(\ )-(\ )\times(\ )=(\ )$

$a'_{(\ )}=a_{(\ )}-a_{(\ )}a'_{(\ )}=(\ )-(\ )\times(\ )=(\ )$

$a'_{(\ )}=a_{(\ )}-a_{(\ )}a'_{(\ )}=(\ )-(\ )\times(\ )=(\ )$

$a'_{(\ )}=a_{(\ )}-a_{(\ )}a'_{(\ )}=(\ )-(\ )\times(\ )=(\ )$

$a'_{(\ )}=a_{(\ )}-a_{(\ )}a'_{(\ )}=(\ )-(\ )\times(\ )=(\ )$

$a'_{(\ )}=a_{(\ )}-a_{(\ )}a'_{(\ )}=(\ )-(\ )\times(\ )=(\ )$

$b'_{(\ )}=b_{(\ )}-a_{(\ )}b'_{(\ )}=(\ )-(\ )\times(\ )=(\ )$

以上の結果を表2.18の第（ ）行に書き込む．同様にして，$-c'_{(\ )}=0$ にするために第5行について計算する．

$z'_0=z_0-c_{(\ )}b'_{(\ )}=0-(\ )\times(\ )=(\ )$

$-c'_1=-c_1-c_{(\ )}a'_{(\ )}=(\ )-(\ )\times(\ )=(\ )$

$$-c'_2 = -c_2 - c_{(\ )}a'_{(\ )} = (\quad) - (\quad) \times (\quad) = (\quad)$$

$$-c'_3 = -c_3 - c_{(\ )}a'_{(\ )} = (\quad) - (\quad) \times (\quad) = (\quad)$$

$$-c'_4 = -c_4 - c_{(\ )}a'_{(\ )} = (\quad) - (\quad) \times (\quad) = (\quad)$$

$$-c'_5 = -c_5 - c_{(\ )}a'_{(\ )} = (\quad) - (\quad) \times (\quad) = (\quad)$$

$$-c'_6 = -c_6 - c_{(\ )}a'_{(\ )} = (\quad) - (\quad) \times (\quad) = (\quad)$$

この結果,表 2.18 の第(, ,)行が得られる.

表 2.18 第 1 ステップのシンプレックス表 3

基底変数	基底変数の値	x_1	x_2	x_3	x_4	x_5	x_6	増加限界
	z							

(12) 手順 (6) 〜 (11) を繰り返す.

②判定基準行(表の最後の行)の検証

(6) 判定基準行で $y_j \geqq 0$ $(j=1,2,\cdots,6)$ かどうかを調べる.$j=(\ )$ について $y_{(\ )}=(\quad)$ であるので,次の手順 (7) に行く.

③入れ替える基底変数の決定

(7) 判定基準行で y_j が最小の列は $j=(\ )$ である.基底変数の値 b_i を第( )列の正の係数( )で割って,θ_i を求め,その値を表 2.19 の増加限界の列に記入する.

$$\theta_i = b_i/(\quad), \quad (i=1,2,3,4)$$

(8) θ_i の最小値の行 i を探すと,$i=(\ )$ である.

(9) これによって,基底変数から $x_{(\ )}$ が出て行き,その代わりに基底変数に $x_{(\ )}$ が入ることになる.

表 2.19 第 2 ステップのシンプレックス表 1

基底変数	基底変数の値	x_1	x_2	x_3	x_4	x_5	x_6	増加限界
	z							

④シンプレックス表の書き換え

$a_{(\ )}$ を枢軸要素として次のような掃出し計算をする.表 2.20 は表 2.19 が以下に述べる基底変数の入れ替えによって変化したものである.

(10) 係数 $a_{(\ )}$ を 1 にするために,第( )行の係数をすべて係数 $a_{(\ )}=(\quad)$ で割る.基底変数の値 $b'_{(\ )}$ も係数 $a_{(\ )}$ で割る.

$$a'_{(\ )} = a_{(\ )}/a_{(\ )}, \quad k=1,2,\cdots,6$$

$$b'_{(\ )} = b_{(\ )}/a_{(\ )}$$

この結果，表2.20の第（　）行が得られる．

表2.20　第2ステップのシンプレックス表2

基底変数	基底変数の値	x_1	x_2	x_3	x_4	x_5	x_6	増加限界
z								

(11) 第（　）列の第2行以外の係数を0にするために，第（　）行以外の係数である第 i 行 ($i=$　　) の各係数について，次の操作をする．

$a'_{(\ )} = a_{(\ )} - a_{(\ )} a'_{(\ )}, \quad k=1, 2, \cdots, 6$

$b'_i = b_i - a_{(\ )} b'_{(\ )}$

$z'_0 = z_0 - c_{(\ )} b'_{(\ )}$

$-c'_k = -c_k - c_{(\ )} a'_{(\ )}$

この結果，表2.21の第（　,　,　）行が得られる．

表2.21　第2ステップのシンプレックス表3

基底変数	基底変数の値	x_1	x_2	x_3	x_4	x_5	x_6	増加限界
z								

(12) 手順 (6) ～ (11) を繰り返す．

②判定基準行（表の最後の行）の検証

(6) 判定基準行で $y_j \geq 0$ ($j = 1, 2, \cdots, 6$) かどうかを調べる．$j = (\ )$ について $y_{(\ )} = (\quad) \leq 0$ であるので，次の手順 (7) に行く．

③入れ替える基底変数の決定

(7) 判定基準行で y_j が最小の列は $j = (\ )$ である．基底変数の値 b_i を第（　）列の正の係数（　）で割って，θ_i を求め，その値を表2.22の増加限界の列に記入する．

$\theta_i = b_i / (\quad), \quad (i = 1, 2, 3, 4)$

(8) θ_i の最小値の行 i を探すと，$i = (\ )$ である．

(9) これによって，基底変数から $x_{(\ )}$ が出て行き，その代わりに基底変数に $x_{(\ )}$ が入ることになる．

表2.22　第3ステップのシンプレックス表1

基底変数	基底変数の値	x_1	x_2	x_3	x_4	x_5	x_6	増加限界
z								

④シンプレックス表の書き換え

$a_{(\ )}$ を枢軸要素として次のような掃出し計算をする．表2.23は表2.22が以下に述べる基底変数の入れ替えによって変化したものである．

(10) 係数 $a_{(\ )}$ を1にするために，第 ( ) 行の係数をすべて係数 $a_{(\ )} = (\ )$ で割る．基底変数の値 $b'_{(\ )}$ も係数 $a_{(\ )}$ で割る．

$$a'_{(\ )} = a_{(\ )}/a_{(\ )}, \quad k=1, 2, \cdots, 6$$
$$b'_{(\ )} = b_{(\ )}/a_{(\ )}$$

この結果，表2.23の第 ( ) 行が得られる．

表2.23 第3ステップのシンプレックス表2

基底変数	基底変数の値	x_1	x_2	x_3	x_4	x_5	x_6	増加限界
z								

(11) 第 ( ) 列の第 ( ) 行以外の係数を0にするために，第 ( ) 行以外の係数である第 i 行 ($i = \ \ $) の各係数について，次の操作をする．

$$a'_{(\ )} = a_{(\ )} - a_{(\ )} a'_{(\ )}, \quad k=1, 2, \cdots, 6$$
$$b'_{(\ )} = b_{(\ )} - a_{(\ )} b'_{(\ )}$$
$$z'_0 = z_0 - c_{(\ )} b'_{(\ )}$$
$$-c'_k = -c_k - c_{(\ )} a'_{(\ )}$$

この結果，表2.24の第 (, ,) 行が得られる．

表2.24 第3ステップのシンプレックス表3

基底変数	基底変数の値	x_1	x_2	x_3	x_4	x_5	x_6	増加限界
z								

(12) 手順 (6) ～ (11) を繰り返す．

②判定基準行（表の最後の行）の検証

(6) 判定基準行で $y_j \geq 0$ $(j = 1, 2, \cdots, 6)$ かどうかを調べる．すべての列について $y_j \geq 0$ であり，負の要素がないので，最適解が求まったことになり，操作を終了する．手順 (13) に行く．

⑤最適解の決定

(13) 表2.24から最適解は次のようになる．

$x_1 = (\ \ )$, $x_2 = (\ \ )$, $x_3 = (\ \ )$, $x_4 = (\ \ )$, $x_5 = (\ \ )$, $x_6 = (\ \ )$

このとき，目的関数は $z = (\ \ )$ となる．したがって，1日当たり製品 P_1 を ( ) トン，P_2 を ( ) トンずつを生産するとよい．そのときの利益は1日当たり ( ) （×10万円）となる．

2.5 課題

1. ある工場で，2種類の製品 A, B を製造し，利益を最大にするような生産計画を立案している．これらの製品は3工程を経て完成される．A, B の各工程において要する工数および各工程の最大工数，さらに A, B による利益は**表 2.25** で与えられる．この場合の最適解を求めよ．

表 2.25 製品の製造行程における工数と利益

工数＼工程＼製品	1	2	3	利益 (10万円/トン)
A	1	1	5	2
B	4	1	1	1
最大使用工数	32	11	35	

2. 3種類の菓子 A, B, C が市販されている．これらの菓子に含まれる栄養素およびその量を**表 2.26** に示す．栄養素の必要な量を満足するように，費用を最小にするには，どのように菓子を食べるのが良いか．この場合の最適解を求めよ．

表 2.26 菓子の栄養素とその量

菓子名	カロリー (Cal/g)	蛋白質	ビタミン (mg)	費用 (円)
A	30	18	2	75
B	18	22	3	62
C	11	40	5	50
必要量	150	100	15	

第3章 動的計画法問題

3.1 目　的

動的計画法（Dynamic Programming, DP と略記される）は，最適値探索法の1つである．最適性の原理を基本原理とする計画法である．制約条件を満足する解の中で目的関数を最適にする解を探索する方法という意味では，線形計画法と共通している．動的計画法では，複数の時点における状況を判断しながら，逐次的に多段階に決定していく方法である．ここでは，確定的な多段階問題を扱い，動的計画法の解法を知る．

3.2　問題の定式化

線形計画法はある時点における線形の最適な計画を立案することを目的にしており，**動的計画法**は複数の時点における状況を判断して，逐次的に多段階に決定していく方法である．動的計画法は定式化における基本的な考えの1つというべきものであり，同じ計画法という名称がついているが，線形計画法などのようにはっきりしたアルゴリズムはない．アメリカの数学者ベルマン（R. Bellman）によって提案された手法の1つであり，多段階に決定する過程の問題を関数方程式に置き換える方法「不変埋め込みの原理」と，その解を求める方法について「最適性の原理」を用いた理論によって組み立てられている．**不変埋め込みの原理**とは，解くべき原問題を部分問題として含む部分問題群を考える（原問題を部分問題群に埋め込む）ことである．動的計画法の基礎にある考え方は，与えられた段階で到達しうるすべての状態を出発して，その最適な継続を求めることにある．ベルマンはこのことを「**最適性の原理**」と呼んだ．この原理は，「任意の段階で，最初の状態および最初の決定がどのようなものであっても，その残りの決定は，最初の決定の結果でできた状態に関して最適政策になっていなければならない．」といえる．

動的計画法は資源配分問題，最短経路問題，最適制御問題，在庫問題，スケジューリング問題，信頼性の最適化などに広く利用できる最適化手法の1つである．目的関数や制約条件が線形で表されない問題では，線形計画法が利用できないが，このような場合にも，動的計画法が利用できる．

動的計画法をよりよく理解するためには，扱う問題の構造を一般的な形で知っておくことが必要である．動的計画法の特徴は問題となる過程が多段階で表現できることを利用して，計算量が少なくてすむということである．

3.2.1　配分問題

ここで，ある総資源量 x を n 個の地域 i に $x_1, x_2, \cdots, x_n$ 個ずつ配分する配分問題を考える．この場合，決定を次々行うことによって，**状態**が $1, 2, \cdots, n$ と次々と変化していくような1つの系を

考える．このような問題における制約条件は次のように表される．

$$x = x_1 + x_2 + \cdots + x_n = \sum_{i=1}^{n} x_i, \quad x_i \geq 0, \quad i = 1, 2, \cdots, n \tag{3.1}$$

この系の状態には決定を行うことによってある程度の変化を与えることができ，このような系の状態変化の過程には，何らかの利害が伴う．各状態 i における利益 $g_i(x_i)$ の合計によって，目的関数として次のように利益 $f_n(x)$ が表されるとする．

$$f_n(x) = \max\{g_1(x_1) + g_2(x_2) + \cdots + g_n(x_n)\} \tag{3.2}$$

この利益は他への配分には影響されないで，その配分量だけで決定されるものとする．この総利益 $f_n(x)$ が目的関数として数量的に表現され，この目的関数を最大（最小）にすることが要請されるとする．この問題は，制約条件 (3.1) の下で目的関数 $f_n(x)$ を最大にすることである．最適性の原理を用いて，定式化すると次のように表される．

$$f_n(x) = \max_{0 \leq x_n \leq x}\{g_n(x_n) + f_{n-1}(x - x_n)\} \tag{3.3}$$

この式は，n 番目の地域に資源を x_n だけ配分することにすると，残りの資源 $x - x_n$ を残りの $n-1$ 個の地域に利益 $f_{n-1}(x - x_n)$ が最大になるように配分する．すなわち，$n-1$ 個の地域の利益 $f_{n-1}(x - x_n)$ が最大になるように配分する．そのときの総利益は，次のようになる．

$$g_n(x_n) + f_{n-1}(x - x_n)$$

これを最大にするように x_n を選べばよい．

さらに，この系はどのような状態からスタートしてもよいというわけではなく，初期状態に関して何らかの制限がある．この系が到達する最終状態についても同様である．このような系を考えるとき．問題は一般的に「系が与えられた初期状態から最終状態に移行する過程において，目的関数 $f_n(x)$ を最大にするような一連の決定（最適政策）を求めよ」のように述べることができる．残念ながら，このようなすべての決定過程が動的計画法の方法に帰されるとは限らない．

3.2.2 多段階決定過程

資源を配分する問題の総資源量 x のようなある決定の対象になるものを状態と呼ぶ．まず，問題の過程を分割する合理的な段階づけができたとしよう．このときの系の状態と決定は次のような関係になっていることが必要である．第 i 段階の状態 v_i は決定 x_i によって，$(i+1)$ 段階の状態 v_{i+1} に変化する．この新しい状態 v_{i+1} の決まり方は，v_i と x_i のみに依存し，系がどのようにして v_i に変化してきたかという過去の履歴によらないと仮定する．このことを v_{i+1} は変数 v_i と x_i だけで決まる関数であるという意味で，次のように書く．

$$v_{i+1} = T_i(v_i, x_i), \quad i = 1, 2, \cdots, n \tag{3.4}$$

配分問題で，第 2 期の状態について対応を考えると，

$$v_1 = x, \quad v_2 = T_1(v_1, x_1) = x - x_1$$

となっている．第 3 期の状態 v_3 は，第 2 期の状態 v_2 とそのときの決定 x_2 で決まるので，次のように書ける．

$$v_3 = T_2(v_2, x_2)$$

以下同様にして，n 期間まで次の状態 v_{k+1} が得られる．

$$v_{k+1} = T_k(v_k, x_k), \quad k = 1, 2, \cdots, n-1$$

n 期間までを考える場合，n を計画期間という．

このようにして，次の状態と決定の列が決定されることになる．

状態：$v_1, v_2, \cdots, v_n$，決定：$x_1, x_2, \cdots, x_n$

次に目的関数についての制限を説明する．一般に目的関数 $f_n(x)$ は，たどってきた状態 v_k と，取られてきた決定 x_k の関数である．しかし，動的計画法の方法が適用できるのは，各段階の状態と決定の関数の和の形に表現されるか，または適当な変換によってこの形になるものであることが必要である．ここでは，目的関数が次のように線形で表現されるものとする．

$$f_n(x) = g_1(v_1, x_1) + g_2(v_2, x_2) + \cdots + g_n(v_n, x_n) \tag{3.5}$$

さて，式(3.1)と式(3.5)が成立すれば，動的計画法による解法を一般的に述べることができる．最終段階の決定から始めて後戻りして，いま n 番目（$N-n+1$ 段階）の決定にさしかかったとする．このとき $N=n$ 段階で以前の状態と決定についてはまだ明らかになっていないから，$N-n+1$ 段階でどのような状態になっているかはわからない．そこでこの段階の状態は $N-n+1$ であったと仮定する．ここから始めて，最終段階までの最大利益を $f_n(v_{N-n+1})$ とおけば，

$$f_n(v_{N-n+1}) = \max\{g_{N-n+1}(v_{N-n+1}, x_{N-n+1}) + g_{N-n+2}(v_{N-n+2}, x_{N-n+2}) + \cdots + g_n(v_n, x_n)\} \tag{3.6}$$

となる．$x_{N-n+2}, \cdots, x_n$ が右辺第1項 $g_{N-n+1}(v_{N-n+1}, x_{N-n+1})$ に関係しないことから，

$$f_n(v_{N-n+1}) = \max[g_{N-n+1}(v_{N-n+1}, x_{N-n+1}) + \max\{g_{N-n+2}(v_{N-n+2}, x_{N-n+2}) + \cdots + g_n(v_n, x_n)\}]$$

と変形できる．右辺第2項以降は，最適決定列 $x_{N-n+2}, \cdots, x_n$ は，$N-n+2$ 段階の過程に対して行う最適配分列を表すので，そのときの最大利益は

$$f_{n-1}(v_{N-n+2}) = \max[g_{N-n+2}(v_{N-n+2}, x_{N-n+2}) + g_{N-n+3}(v_{N-n+3}, x_{N-n+3}) + \cdots g_n(v_n, x_n)\}]$$

となる．さらに，$N-n+1$ 段階の決定 x_{N-n+1} から得られる利益は，$g_{N-n+1}(v_{N-n+1}, x_{N-n+1})$ であるから，式(3.6)の総利益の最大値 $f_n(v_{N-n+1})$ は，$g_{N-n+1}(v_{N-n+1}, x_{N-n+1})$ と $f_{n-1}(v_{N-n+1})$ の和として次のように表せる．

$$f_n(v_{N-n+1}) = \max_{x_{N-n+1}} \{g_{N-n+1}(v_{N-n+1}, x_{N-n+1}) + f_{n-1}(v_{N-n+1})\} \tag{3.7}$$

これを言葉で表現すれば，次のようにいえる．

（v_{N-n+1} から出発して最適政策による総利益）＝（v_{N-n+1} から出発して最適政策によるその最初の期における利益）＋（最初の期によって決められた次期の状態から出発して，最適政策による次期以降の利益）

この関係式を用いて，$n=1$ から初めて次々に f_n を求める．前に述べたように，この f_n を求める過程では，状態についての仮定をおいて計算しているから，この過程で求まる最適決定は条件付きの最適決定である．与えられた初期状態を満たす最適政策は f_n を $n=N$ まで計算し終わってから，今度は初めの段階から終わりに向かって条件付きの最適決定を変換式(3.7)に従ってたどることによって求まる．

3.3 問題の解法

ある販売会社は，7人のセールスマンを3つの地域 $i=1,2,3$ に派遣したい．これら3つの地域に派遣するセールスマンの人数 x_1, x_2, x_3 によって，**表 3.1** のように販売利益（単位：万円）$g_i(x_i)$ があるという．総利益を最大にするために，3つの地域に7人のセールスマンを何人ずつ派

遣すればよいか．その人数計画を動的計画法を用いて求めよ．派遣するセールスマンが6人の場合，どうなるかを求めよ．

表3.1　セールスマンの派遣人数と利益の関係

人数＼地域	0	1	2	3	4	5	6	7
1	3	5	8	9	10	13	15	18
2	2	4	6	8	10	11	12	12
3	4	6	8	11	12	13	13	14

　この問題に対する最も素朴なアプローチの方法は，完全にすべての場合を列挙してみることである．しかし，その欠点は，場合の数が非常に大きくなってしまう．動的計画法は，このような列挙をなるべく無駄のないように行う方法である．

　動的計画法では次のような解決を行う．いま，地域 i に x_i 人のセールスマンを送ったとき得られる利益を記号 $g_i(x_i)$ で表す．また，地域1から地域 i までに $n=7$ 人を派遣したときに得られる最大利益を $f_i(n)$ で表す．そうすると，$i=1$ のとき，

$$f_1(n) = \max\{g_1(x_1)\} = g_1(n) \tag{3.8}$$

である．$i=2,3$ に対する $f_2(n)$，$f_3(n)$ については次の関係式が成立する．

$$f_2(n) = \max_{1 \leq x_2 \leq 7} \{f_1(n-x_2) + g_2(x_2)\} \tag{3.9}$$

$$f_3(n) = \max_{1 \leq x_3 \leq 7} \{f_2(n-x_3) + g_3(x_3)\} \tag{3.10}$$

式(3.9)は地域2までに n 人を派遣して得られる最大利益は，地域1までに $n-x_2$ 人を派遣して得られる最大利益 $f_1(n-x_2)$ と地域2に x_2 人派遣して得られる利益 $g_2(x_2)$ の和を最大にするような x_2 を0～7までの間で見つけることによって得られることを示している．同様に式(3.10)は地域3までに n 人を派遣して得られる最大利益は，地域2までに $(n-x_3)$ 人を派遣したときの最大利益 $f_2(n-x_3)$ と，地域3に x_3 人派遣しときの利益 $g_3(x_3)$ の和を最大にするような x_3 を0～7までの間で探すことによって得られることを示している．

　これらの式を一般式で書けば，式(3.7)からわかるように

$$f_{i+1}(n) = \max\{f_i(n-x_{i+1}) + g_{i+1}(x_{i+1})\} \tag{3.11}$$

となる．この式が動的計画法の最も基本的な漸化式である．

　さて，動的計画法の解法は，まず，第1地域への最適な派遣数だけを考え，最大利益を求める．次に，第1地域への最適な派遣数に，第2地域への最適な派遣数を考え，最大利益を求める．最後に，第1,2地域への最適な派遣数に，第3地域への最適な派遣数を考え，総利益が，最大になる派遣数を求める．このように段階的に求めて，最終的に求められた第3地域への最適な派遣数が最適解となる．

(1) 地域1に着目

　具体的には $f_i(n)$ の表を $i=1,2,3$ の順に作ることである．まず，$i=1$ のとき，

$$f_1(x_1) = g_1(x_1), \quad x_1 = 0, 1, 2, \cdots, 7$$

であるから，$f_1(n)$ の値は直ちに決まり，表3.2のように地域1への利益の欄のようになる．その下の欄には $f_1(n)$ の値を与える第1地域への派遣数 $s_1(n)$ を示す．この場合，当然のことながら

$s_1(n)=n$ である.

表 3.2 地域 1 への派遣数と利益

総人数 n	0	1	2	3	4	5	6	7
利益 $f_1(n)$	3	5	8	9	10	13	15	18
派遣数 $s_1(n)$	0	1	2	3	4	5	6	7

(2) 地域 1 と 2 に着目

次に,式 (3.11) によって,$f_2(x_2)$ を決定する.

$$f_2(n)=\max\{f_1(n-x_2)+g_2(x_2)\},\quad x_2=0,1,2,\cdots,7$$

したがって,表 3.2 の $f_1(n)$ の行の利益と表 3.1 の地域 2 の行の利益を用いて,各 $n=0,1,2,\cdots,7$ の値に対する $f_2(n)$ の値を計算すると,次のようになる.

$f_2(0)=f_1(0)+g_2(0)=3+2=5$

$f_2(1)=\max\{f_1(0)+g_2(1),f_1(1)+g_2(0)\}=\max\{3+4,5+2\}=7$

$f_2(2)=\max\{f_1(0)+g_2(2),f_1(1)+g_2(1),f_1(2)+g_2(0)\}=\max\{3+6,5+4,8+2\}=10$

$f_2(3)=\max\{f_1(0)+g_2(3),f_1(1)+g_2(2),f_1(2)+g_2(1),f_1(3)+g_2(0)\}$
$\quad\quad=\max\{3+8,5+6,8+4,9+2\}=12$

$f_2(4)=\max\{f_1(0)+g_2(4),f_1(1)+g_2(3),f_1(2)+g_2(2),f_1(3)+g_2(1),f_1(4)+g_2(0)\}$
$\quad\quad=\max\{3+10,5+8,8+6,9+4,10+2\}=14$

$f_2(5)=\max\{f_1(0)+g_2(5),f_1(1)+g_2(4),f_1(2)+g_2(3),f_1(3)+g_2(2),f_1(4)+g_2(1),f_1(5)+g_2(0)\}$
$\quad\quad=\max\{3+11,5+10,8+8,9+6,10+4,13+2\}=16$

$f_2(6)=\max\{f_1(0)+g_2(6),f_1(1)+g_2(5),f_1(2)+g_2(4),f_1(3)+g_2(3),f_1(4)+g_2(2),f_1(5)+g_2(1),$
$\quad\quad f_1(6)+g_2(0)\}=\max\{3+12,5+11,8+10,9+8,10+6,13+4,15+2\}=18$

$f_2(7)=\max\{f_1(0)+g_2(7),f_1(1)+g_2(6),f_1(2)+g_2(5),f_1(3)+g_2(4),f_1(4)+g_2(3),f_1(5)+g_2(2),$
$\quad\quad f_1(6)+g_2(1),f_1(7)+g_2(0)\}=\max\{3+12,5+12,8+11,9+10,10+8,13+6,15+4,$
$\quad\quad 18+2\}=20$

以上の計算結果をまとめると,表 3.3 のように地域 2 への利益 $f_2(n)$ の行のようになる.その下の行には $f_2(n)$ の値を与える第 2 地域への派遣数を示す.ここで,$n=1$ のときには,$s_2(1)=0$ または 1 である.これは,$n=1$ のときには,第 2 地域への派遣数は 0 人でも 1 人でも同じ利益をもたらすことを意味している.

表 3.3 地域 2 への派遣数と利益

総人数 n	0	1	2	3	4	5	6	7
利益 $f_2(n)$	5	7	10	12	14	16	18	20
派遣数 $s_2(n)$	0	0, 1	0	1	2	3	4	0

(3) 地域 1, 2, 3 に着目

最後に,第 3 段階の総利益の最大値 $f_3(n)$ を計算する.

$$f_3(n)=\max\{f_2(n-x_3)+g_3(x_3)\},\quad x_3=0,1,2,\cdots,7$$

表 3.3 の $f_2(n)$ の行の利益と表 3.1 の地域 3 の行の利益を用いて,$n=7$ の値に対する $f_3(n)$ の値を計算すると,次のようになる.

$$f_3(7) = \max\{f_2(0)+g_3(7), f_2(1)+g_3(6), f_2(2)+g_3(5), f_2(3)+g_3(4), f_2(4)+g_3(3), f_2(5)+g_3(2),$$
$$f_2(6)+g_3(1), f_2(7)+g_3(0)\}$$
$$= \max\{5+14, 7+13, 10+13, 12+12, 14+11, 16+8, 18+6, 20+4\} = 25$$

これから，$f_3(7)$ の最大利益 25 は，次の式から得られる．
$$f_3(7) = f_2(4)+g_3(3) = 14+11$$
$$= \{f_1(2)+g_2(2)\}+g_3(3) = 8+6+11$$

この結果，次のことがわかる．7 人のセールスマンを 3 つの地域に派遣して得られる最大利益は，$f_3(7)=25$（万円）である．その具体的な配分は，$g_3(3)$ から第 3 地域に 3 人，したがって第 2 地域までには 4 人を派遣する．$f_2(4)=f_1(2)+g_2(2)$ から，第 2 地域には 2 人，第 1 地域には残りの 2 人を派遣する．これが最適の配分である．

したがって，3 地域に派遣する人数はそれぞれ $x_1=2, x_2=2, x_3=3$ のとき，最大販売利益 25 万円を得ることになる．

(4) 派遣するセールスマンが最大数より少ない場合

次に，3 地域に派遣するセールスマンが 6 人の場合，$f_3(7)$ と同様に求めると知ることができる．
$$f_3(6) = \max\{f_2(0)+g_3(6), f_2(1)+g_3(5), f_2(2)+g_3(4), f_2(3)+g_3(3), f_2(4)+g_3(2), f_2(5)+g_3(1),$$
$$f_2(6)+g_3(0)\}$$
$$= \max\{5+15, 7+13, 10+10, 12+9, 14+8, 16+5, 18+3\} = 22$$

これから，セールスマン 6 人を派遣する場合，$f_3(6)$ の最大利益 22 は，次の式から得られる．
$$f_3(6) = f_2(4)+g_3(2)$$
$$= \{f_1(2)+g_2(2)\}+g_3(2)$$

したがって，3 地域に派遣する人数はそれぞれ $x_1=2, x_2=2, x_3=2$ のとき，最大販売利益 22 万円を得ることになる．

同様にすると，3 地域にセールスマン 0～5 人を派遣する場合における最大販売計画を求めることができる．
$$f_3(0) = f_2(0)+g_3(0) = 5+3 = 8$$
$$f_3(1) = \max\{f_2(0)+g_3(1), f_2(1)+g_3(0)\} = \max\{5+5, 7+3\} = 10$$
$$f_3(2) = \max\{f_2(0)+g_3(2), f_2(1)+g_3(1), f_2(2)+g_3(0)\} = \max\{5+8, 7+5, 10+3\} = 13$$
$$f_3(3) = \max\{f_2(0)+g_3(3), f_2(1)+g_3(2), f_2(2)+g_3(1), f_2(3)+g_3(0)\}$$
$$= \max\{5+9, 7+8, 10+5, 12+3\} = 15$$
$$f_3(4) = \max\{f_2(0)+g_3(4), f_2(1)+g_3(3), f_2(2)+g_3(2), f_2(3)+g_3(1), f_2(4)+g_3(0)\}$$
$$= \max\{5+10, 7+9, 10+8, 12+5, 14+3\} = 18$$
$$f_3(5) = \max\{f_2(0)+g_3(5), f_2(1)+g_3(4), f_2(2)+g_3(3), f_2(3)+g_3(2), f_2(4)+g_3(1), f_2(5)+g_3(0)\}$$
$$= \max\{5+13, 7+10, 10+9, 12+8, 14+5, 16+3\} = 20$$

以上の計算結果をまとめると，**表3.4**のように地域 3 への利益 $f_3(n)$ の行のようになる．その下の行には $f_3(n)$ の値を与える第 3 地域への派遣数を示す．ここで，$n=1, 2, 3$ のときには，$s_3(1)=0$ または 1，$s_3(2)=0$ または 2，$s_3(3)=1$ または 2 によって，同じ利益をもたらすことを意味している．

得られた表3.4は，7人のセールスマンの最適配分を決められるばかりではない．$n=6$人以下の場合，$f_3(n)$ の行から最大の利益を知り，それに対する配置も表3.2，表3.3，表3.4を見ることによってわかる．

表3.4 地域3への派遣数と利益

総人数 n	0	1	2	3	4	5	6	7
利益 $f_3(n)$	8	10	13	15	18	20	22	25
派遣数 $s_3(n)$	0	0, 1	0, 2	1, 2	2	2	2	3

3.4 演 習

ある理髪チェーン店は，7人の理髪師を3個所の理髪店1，2，3に配置することを計画している．各店には，最低1人の理髪師を配置したい．それぞれの店に配置する理髪師の人数 x_1, x_2, x_3 によって，表3.5のように利益（単位：万円）$g_i(x_i)$ があるという．総利益を最大にするために，3つの理髪店に7人の理髪師を何人ずつ配置すればよいかを動的計画法を用いて求めよ．理髪師5人を3個所の理髪店に配置する場合，どうなるかを求めよ．

表3.5 理髪師の配置人数と利益の関係

人数 店	1	2	3	4	5	6	7
1	35	55	80	100	115	130	140
2	25	50	75	100	125	150	170
3	40	60	80	100	120	140	160

まず，第1店への最適な配置数だけを考え，最大利益を求める．次に，第1, 2店への最適な配置数を考え，最大利益を求める．最後に，第1, 2, 3店への最適な配置数を考え，総利益が，最大になる配置数を求める．

(1) 第1店に着目

まず，$i=1$ のとき，

$$f_1(x_1)=g_1(x_1), \quad x_1=1, 2, \cdots, 7$$

であるから，$f_1(n)$ の値は表3.5から直ちに決まり，表3.6のように第1店への利益の行のようになる．その下の行に，$s_1(n)=n$ であることから，$f_1(n)$ の値を与える第1店への配置数 $s_1(n)$ を示す．

表3.6 第1店への配置数と利益

総人数 n	1	2	3	4	5	6	7
利益 $f_1(n)$							
配置数 $s_1(n)$							

(2) 第1, 2店に着目

次に，式(3.11)によって，$f_2(x_2)$ を決定する．ここで，第1, 2店に最低1人ずつを配置することになっているので，総人数 n は2から始まる．

$$f_2(n)=\max\{f_1(n-x_2)+g_2(x_2)\}, \quad x_2=2, \cdots, 7$$

したがって，各 $n=2, \cdots, 7$ の値に対する $f_2(n)$ の値を計算すると，次のようになる．

$f_2(2) = \max\{f_1(1) + g_2(1)\}$
$\quad = \max\{(\quad) + (\quad)\} = (\quad)$

$f_2(3) = \max\{f_1(1) + g_2(2), f_1(2) + g_2(1)\}$
$\quad = \max\{(\quad) + (\quad), (\quad) + (\quad)\} = (\quad)$

$f_2(4) = \max\{f_1(1) + g_2(3), f_1(2) + g_2(2), f_1(3) + g_2(1)\}$
$\quad = \max\{(\quad) + (\quad), (\quad) + (\quad), (\quad) + (\quad)\} = (\quad)$

$f_2(5) = \max\{f_1(1) + g_2(4), f_1(2) + g_2(3), f_1(3) + g_2(2), f_1(4) + g_2(1)\}$
$\quad = \max\{(\quad) + (\quad), (\quad) + (\quad), (\quad) + (\quad), (\quad) + (\quad)\} = (\quad)$

$f_2(6) = \max\{f_1(1) + g_2(5), f_1(2) + g_2(4), f_1(3) + g_2(3), f_1(4) + g_2(2), f_1(5) + g_2(1)\}$
$\quad = \max\{(\quad) + (\quad), (\quad) + (\quad), (\quad) + (\quad), (\quad) + (\quad), (\quad) + (\quad)\} = (\quad)$

$f_2(7) = \max\{f_1(1) + g_2(6), f_1(2) + g_2(5), f_1(3) + g_2(4), f_1(4) + g_2(3), f_1(5) + g_2(2), f_1(6) + g_2(1)\}$
$\quad = \max\{(\quad) + (\quad), (\quad) + (\quad), (\quad) + (\quad), (\quad) + (\quad), (\quad) + (\quad), (\quad) + (\quad)\} = (\quad)$

以上の計算結果をまとめると，表3.7のように第2店までの利益 $f_2(n)$ の行のようになる．その下の行には $f_2(n)$ の値を与える第2店への配置数を示す．ここで，$s_2(n)$ の行に2つ以上の値を書いてあるのは，どちらでも同じ利益をもたらすことを意味している．

表3.7 第2店への配置数と2店による利益

総人数 n	2	3	4	5	6	7
利益 $f_2(n)$						
配置数 $s_2(n)$						

(3) 第3店に着目

最後に，第3段階の総利益の最大値 $f_3(n)$ を計算する．ここで，第1, 2, 3店に最低1人ずつ配置することになっているので，総人数 n は3から始まる．

$f_3(n) = \max\{f_2(n - x_3) + g_3(x_3)\}, \quad x_3 = 3, 4, \cdots, 7$

したがって，各 $n = 3, 4, \cdots, 7$ の値に対する $f_2(n)$ の値を計算すると，次のようになる．

$f_3(3) = \max\{f_2(2) + g_3(1)\} = \max\{(\quad) + (\quad)\} = (\quad)$

$f_3(4) = \max\{f_2(2) + g_3(2), f_2(3) + g_3(1)\}$
$\quad = \max\{(\quad) + (\quad), (\quad) + (\quad)\} = (\quad)$

$f_3(5) = \max\{f_2(2) + g_3(3), f_2(3) + g_3(2), f_2(4) + g_3(1)\}$
$\quad = \max\{(\quad) + (\quad), (\quad) + (\quad), (\quad) + (\quad)\} = (\quad)$

$f_3(6) = \max\{f_2(2) + g_3(4), f_2(3) + g_3(3), f_2(4) + g_3(2), f_2(5) + g_3(1)\}$
$\quad = \max\{(\quad) + (\quad), (\quad) + (\quad), (\quad) + (\quad), (\quad) + (\quad)\} = (\quad)$

$f_3(7) = \max\{f_2(2) + g_3(5), f_2(3) + g_3(4), f_2(4) + g_3(3), f_2(5) + g_3(2), f_2(6) + g_3(1)\}$
$\quad = \max\{(\quad) + (\quad), (\quad) + (\quad), (\quad) + (\quad), (\quad) + (\quad), (\quad) + (\quad)\} = (\quad)$

以上の計算結果をまとめると，表3.8のように第3店までの利益 $f_3(n)$ の行のようになる．その下の行には $f_3(n)$ の値を与える第3店への配置数を示す．これから，$f_3(7)$ の最大利益 (　) は，次の式から得られる．

$f_3(7) = f_2(\quad) + g_3(\quad)$
$\quad = \{f_1(\quad) + g_2(\quad)\} + g_3(\quad) = (\quad) + (\quad) + (\quad) = (\quad)$

または
$$= \{f_1(\ ) + g_2(\ )\} + g_3(\ ) = (\ ) + (\ ) + (\ ) = (\ )$$

この結果，次のことがわかる．7人の理髪師を3つの理髪店に配置して得られる最大利益は，$f_3(7) = (\ \ )$（万円）である．その具体的な配分は，$g_3(\ )$ から第3店に（　）人，したがって第2店までには（　）人を配置する．$f_2(\ ) = f_1(\ ) + g_2(\ )$ から，第2店には（　）人，第1店には残りの（　）人を配置する．これが最適の配分である．

表3.8 第3店への配置数と3店による利益

総人数 n	3	4	5	6	7
利益 $f_3(n)$					
配置数 $s_3(n)$					

(4) 配置する理髪師が最大数より少ない場合

次に，3店に配置する理髪師が5人の場合，$f_3(7)$ と同様に求めると知ることができる．ところで，理髪師5人を配置する場合，各店には，最低1人の理髪師を配置するので，各店の最大配置数は3人である．表3.8を利用して，最大利益 $f_3(\ \ )$ は，次の式から得られる．

$$f_3(5) = f_2(\ ) + g_3(\ )$$
$$= \{f_1(\ ) + g_2(\ )\} + g_3(\ ) = (\ ) + (\ ) + (\ ) = (\ )$$

したがって，第1，2，3店に配置する人数はそれぞれ $x_1 = (\ )$, $x_2 = (\ )$, $x_3 = (\ )$ のとき，最大利益（　）万円を得ることになる．

3.5 課題

1. 8人のセールスマンを4つの地域1, 2, 3, 4に派遣しようとしている．過去の実績によれば，これら4つの地域に派遣したセールスマンの人数と売上利益（単位：万円）の関係は**表3.9**のとおりである．利益を最大にする派遣の仕方を動的計画法を用いて求めよ．また，7人を4つの地域に派遣する場合，どうなるかを求めよ．

表3.9 セールスマンの派遣人員と利益の関係

地域＼人数	0	1	2	3	4	5	6	7	8
1	0	1	4	8	9	10	14	16	17
2	0	5	8	9	10	13	15	18	20
3	0	2	3	5	8	12	16	17	18
4	0	3	6	9	12	14	16	18	20

2. ある研究所では，新製品を開発するために，3つのチームA, B, Cを組織して，それぞれ完全に独立に異なった方法によって研究している．現在の研究状況から推定すれば各チームの研究が失敗に終わる確率はそれぞれ**表3.10**のようであると考えられている．この確率を小さくするために，優秀な科学者を3名余分に投入しようと現在計画している．各チームが1～3人の科学者をどのように配置すれば失敗の確率は最小化されるか．この問題を動的計画法を用いて求めよ．（ヒント：このままの数値をデータとして使わないで，少し工夫する必要がある．）

表3.10 科学者の追加人員と失敗の確率の関係

チーム＼人数	0	1	2	3
A	0.8	0.5	0.4	0.3
B	0.6	0.4	0.3	0.2
C	0.4	0.3	0.2	0.15

第4章 輸送問題

4.1 目 的

m 個所の発送地（工場，商社など）から n 個所の目的地（営業所，市場など）へ製品を輸送するとき，単位当たり輸送費が各輸送路によって異なる場合，全体として輸送費を最小にする問題を輸送問題という．ここでは，輸送問題を MODI 法（modified distribution method）によって解く方法を知る．

4.2 問題の定式化

輸送問題は，n 人の学生の希望に対応して，m 個のゼミに所属させる問題，n 人の社員をその実績によって，m 個の営業所に派遣する問題などがある．具体例を示すと，ある会社は，分散して3つの工場 F_1, F_2, F_3 を持っている．この会社の得意先は2つのスーパーマーケット M_1, M_2 である．工場 $i(i=1,2,3)$ の製品の生産能力 a_i はそれぞれ 7, 6, 8（×1000）個で，スーパーマーケット $j(j=1,2)$ が必要な製品の量 b_j はそれぞれ 14, 7（×1000）個である．その輸送費 c_{ij} を表4.1に示す．工場 F_i からスーパーマーケット M_j へ運ぶ製品量を x_{ij} とする．スーパーマーケットに運ぶ総輸送費を最小にするには，各工場から各スーパーマーケットに何個（×1000）ずつ運べばよいかを求める問題である．

表4.1 工場からスーパーマーケットへの輸送費

スーパー＼工場	M_1	M_2	生産量 a_i
F_1	10	11	7
F_2	8	13	6
F_3	8	12	8
需要量 b_j	14	7	21

このような輸送問題は，線形計画法の中で特殊な問題で，次のように定式化される．各工場 i の総生産量はその工場からの総出荷可能量 a_i と一致しなければならないので，式(4.1)が成立しなければならない．ここで，x_{ij} は工場 i からスーパーマーケット j へ輸送する量である．各工場 i からの総受け入れ量はそのスーパーマーケット j の総需要量 b_j と一致しなければならないので，式(4.2)が成立しなければならない．製品の総出荷量と総需要量が一致するので，式(4.3)が成立しなければならない．

生産量　$\sum_{j=1}^{n} x_{ij} = a_i, \quad i=1, 2, \cdots, m$ \hfill (4.1)

需要量　$\sum_{i=1}^{m} x_{ij} = b_j, \quad j=1, 2, \cdots, n$ \hfill (4.2)

保存性　$\sum_{i=1}^{m} a_i = \sum_{j=1}^{n} b_j$ \hfill (4.3)

非負制約　$x_{ij} \geq 0, \quad i=1, 2, \cdots, m, \quad j=1, 2, \cdots, n$ \hfill (4.4)

の制約条件の下で，目的関数

min　$z = \sum_{i=1}^{m} \sum_{j=1}^{n} c_{ij} x_{ij}$ \hfill (4.5)

を最小とする x_{ij} の値を求める問題となる．ただし，$a_i \geq 0, \; i=1, 2, \cdots, m, \; b_j \geq 0, \; j=1, 2, \cdots, n$ とする．

4.3　問題の解法

例　3つの倉庫 W_i から4都市 C_j へ製品を送る個数を x_{ij} として，**表4.2** に輸送費を示す．この場合の総運賃を最小にするための輸送問題を定式化すると，次のようになる．

表4.2　倉庫 W_i から都市 C_j への輸送費

倉庫＼都市	C_1	C_2	C_3	C_4	在庫量 a_i
W_1	3	4	6	10	14
W_2	7	13	2	7	11
W_3	11	5	12	15	22
需要量 b_j	10	11	16	10	47

在庫量制約

$$\left. \begin{array}{l} x_{11}+x_{12}+x_{13}+x_{14}=14 \\ x_{21}+x_{22}+x_{23}+x_{24}=11 \\ x_{31}+x_{32}+x_{33}+x_{34}=22 \end{array} \right\} \quad (4.6)$$

需要量制約

$$\left. \begin{array}{l} x_{11}+x_{21}+x_{31}=10 \\ x_{12}+x_{22}+x_{32}=11 \\ x_{13}+x_{23}+x_{33}=16 \\ x_{14}+x_{24}+x_{34}=10 \end{array} \right\} \quad (4.7)$$

非負制約

$x_{ij} \geq 0, \quad i=1, 2, 3, \quad j=1, 2, 3, 4$ \hfill (4.8)

目的関数

min　$z = 3x_{11}+4x_{12}+6x_{13}+10x_{14}+7x_{21}+13x_{22}+2x_{23}+7x_{24}+11x_{31}+5x_{32}+12x_{33}+15x_{34}$

輸送問題を解くためにいくつかの手法が考案されている．実行可能基底解を作成する方法として，Houthakker 法と北西隅の方法がある．前者は輸送費 c_{ij} が小さいところから優先して割当てを行う．後者は北西隅から優先して割当てを行う．最適解への改善を進める方法として，MODI

法と飛び石法（Stepping-Stone Method）がある．飛び石法は，制限式や目的式を立てる必要がまったくなく，ある条件を満たすように輸送表のマスに割り当てさえすれば解けるという勝れた点を持っている．

ここでは，実行可能基底解を Houthakker 法で求め，最適解への改善を MODI 法で求める方法を説明する．

4.3.1 実行可能基底解を求める手順

総輸送費を最小にするので，運賃の安いところにできるだけ多く送るようにすればよいと考える．

(1) 輸送計画表の作成

各枠内に輸送費を記入する．表の右端の欄に在庫量を，最下段に需要量を記入する．初期の表として，表 4.2 が得られる．

(2) 最小輸送費のセルに限度一杯の割当て

最小輸送費のセルを探すと，$c_{23}=2$ である．それは倉庫 W_2 から都市 C_3 への輸送であるので，ここに最大 11 割り当てる．この割当て量 11 をセルの右上に記入する．この割当てで，倉庫 W_2 の在庫量は 0 になる．これを在庫量の欄に記入する．都市 C_3 の需要に対する不足量は 5 となる．これを需要量の欄に記入する．この結果，**表 4.3** が得られる．

(3) 割当て可能セルの中で最小輸送費のセルに割当て

順次割り当てて，在庫の残りの量と需要の未達成量の欄がすべて 0 になるまで繰り返す．

次に割当て可能セルの中で最小輸送費のセルを探すと，それは 3 である．倉庫 W_1 から都市 C_1 へ最大 14 割り当てできるが，需要量が 10 であるので，10 割り当てる．この割当てで，倉庫 W_1 の在庫量は 4 になる．この結果，**表 4.4** が得られる．

表 4.3 倉庫 W_2 から都市 C_3 への割当て

都市 倉庫	C_1	C_2	C_3	C_4	在庫量 a_i
W_1	3	4	6	10	14
W_2	7	13	2　11	7	0
W_3	11	5	12	15	22
需要量 b_j	10	11	**5**	10	**36**

表 4.4 倉庫 W_1 から都市 C_1 への割当て

都市 倉庫	C_1	C_2	C_3	C_4	在庫量 a_i
W_1	3　**10**	4	6	10	**4**
W_2	7	13	2　11	7	0
W_3	11	5	12	15	22
需要量 b_j	**0**	11	5	10	**26**

次に割当て可能セルの中で最小輸送費のセルを探すと，それは 4 であり，倉庫 W_1 から都市 C_2 への割当てである．倉庫 W_1 からの割当て可能量は，4 である．都市 C_2 への需要量は 11 であるが，割当て可能量 4 を割り当てる．この割当てで，倉庫 W_1 の在庫量は 0 になる．都市 C_2 への需要残量は 7 になる．この結果，**表 4.5** が得られる．

次に割当て可能セルの中で最小輸送費のセルを探すと，それは 5 であり，倉庫 W_3 から都市 C_2 への割当てである．倉庫 W_3 からの割当て可能量は，22 であり，都市 C_3 への需要残量は 7 であるので，需要残量 7 を割り当てる．この割当てで，倉庫 W_3 の在庫量は 15 になる．都市 C_2 への需要残量は 0 になる．この結果，**表 4.6** が得られる．

表 4.5 倉庫 W_1 から都市 C_2 への割当て

都市\倉庫	C_1	C_2	C_3	C_4	在庫量 a_i
W_1	3	10⌐4	6	10	**0**
W_2	7	13	2⌐11	7	0
W_3	11	5	12	15	22
需要量 b_j	0	**7**	5	10	**22**

表 4.6 倉庫 W_3 から都市 C_2 への割当て

都市\倉庫	C_1	C_2	C_3	C_4	在庫量 a_i
W_1	3	10⌐4	6	10	0
W_2	7	13	2⌐11	7	0
W_3	11	7⌐5	12	15	**15**
需要量 b_j	0	**0**	5	10	**15**

次に割当て可能セルの中で最小輸送費のセルを探すと，それは 12 であり，倉庫 W_3 から都市 C_3 への割当てである．倉庫 W_3 からの割当て可能量は，15 であり，都市 C_3 への需要残量は 5 であるので，需要残量 5 を割り当てる．この割当てで，倉庫 W_3 の在庫量は 10 になる．都市 C_3 への需要残量は 0 になる．この結果，**表 4.7** が得られる．

次に割当て可能セルの中で最小輸送費のセルを探すと，それは 15 であり，倉庫 W_3 から都市 C_4 への割当てである．倉庫 W_3 からの割当て可能量は，10 であり，都市 C_4 への需要残量は 10 であるので，需要残量 10 を割り当てる．この割当てで，倉庫 W_3 の在庫量は 0 になる．都市 C_4 への需要残量は 0 になる．この結果，**表 4.8** が得られる．

表 4.7 倉庫 W_3 から都市 C_3 への割当て

都市\倉庫	C_1	C_2	C_3	C_4	在庫量 a_i
W_1	3	10⌐4	6	10	0
W_2	7	13	2⌐11	7	0
W_3	11	7⌐5	5⌐12	15	**10**
需要量 b_j	0	0	**0**	10	**10**

表 4.8 倉庫 W_3 から都市 C_4 への割当て

都市\倉庫	C_1	C_2	C_3	C_4	在庫量 a_i
W_1	3	10⌐4	6	10	0
W_2	7	13	2⌐11	7	0
W_3	11	7⌐5	5⌐12	10⌐15	**0**
需要量 b_j	0	0	0	**0**	**0**

これで，すべての在庫量と需要残量がすべて 0 となり，すべての割当てが終了する．表 4.8 の結果が実行可能基底解となる．この輸送費は，次のように求められる．

$$z = c_{11}x_{11} + c_{12}x_{12} + c_{23}x_{23} + c_{32}x_{32} + c_{33}x_{33} + c_{34}x_{34}$$
$$= 3 \times 10 + 4 \times 4 + 2 \times 11 + 5 \times 7 + 12 \times 5 + 15 \times 10$$
$$= 313$$

4.3.2 最適解への改善を進める手順

次に，最適解への改善を進める手順を説明する．

(1) 輸送計画表の作成

基底解で割当てのあったセルについて，輸送費と割当て量をそのままにし，割当てのなかったセルについて消して**表 4.9** のようにする．さらに，行の特有定数を u_i，列の特有定数を v_j として，表 4.9 のような表を作成する．

割当てのあったセルについて特有定数の間には，次の関係がある．

$$u_i + v_j = c_{ij} \tag{4.9}$$

これから，特有定数の間の関係は，次の $(n+m-1) = 3+4-1 = 6$ 個の式からなる方程式とな

る.
$$\left.\begin{array}{l} u_1+v_1=3 \\ u_1+v_2=4 \\ u_2+v_3=2 \\ u_3+v_2=5 \\ u_3+v_3=12 \\ u_3+v_4=15 \end{array}\right\} \quad (4.10)$$

6個の式に対して，決定する特有定数が7個ある．1個の定数に与える値は，以下の解法に影響を与えないので，任意に与えればよい．この式で$u_1=0$とすれば，すべての特有定数の値を決定できる．まず，最初の式に$u_1=0$を代入すると，

$0+v_1=3$

これから，$v_1=3$となる．同様にして，式(4.10)の第2式に$u_1=0$を代入して，

$0+v_2=4$

から，$v_2=4$となる．同様にして，式(4.10)の第3式から，順次これらの値を代入して，

$u_3=5-v_2=5-4=1$

$v_3=12-u_3=12-1=11$

$v_4=15-u_3=15-1=14$

$u_2=2-v_3=2-11=-9$

が求まる.

これらを**表4.10**のように，u_iの列にu_1, u_2, u_3の値を，v_jの行にv_1, v_2, v_3, v_4の値を記入する．

表4.9 基底解で割当てのあったセル

倉庫＼都市	C_1	C_2	C_3	C_4	特有定数 u_i
W_1	3 ⌐10	4 ⌐4			
W_2			2 ⌐11		
W_3		5 ⌐7	12 ⌐5	15 ⌐10	
特有定数 v_j					

表4.10 基底解で割当てのあったセルによる行と列の特有定数

倉庫＼都市	C_1	C_2	C_3	C_4	特有定数 u_i
W_1	3 ⌐10	4 ⌐4			**0**
W_2			2 ⌐11		**−9**
W_3		5 ⌐7	12 ⌐5	15 ⌐10	**1**
特有定数 v_j	**3**	**4**	**11**	**14**	

(2) シンプレックス基準の計算

割り当てられていないセルである，各非基底変数について，基底解で割当てのなかったi行j列のセルについて，次式に基づいてシンプレックス基準を計算する．

$$\overline{c_{ij}}=c_{ij}-u_i-v_j \quad (4.11)$$

表4.10の例の場合，非基底変数について，シンプレックス基準を計算すると，

$\overline{c_{13}}=6-0-11=-5$

$\overline{c_{14}}=10-0-14=-4$

$\overline{c_{21}}=7-(-9)-3=13$

$\overline{c_{22}}=13-(-9)-4=18$

$\overline{c_{24}} = 7-(-9)-14 = 2$

$\overline{c_{31}} = 11-1-3 = 7$

これらの結果を記入すると**表 4.11** のようになる.

(3) 最適性の判定

負のシンプレックス基準がある場合，解の改善が可能である．負のシンプレックス基準が複数ある場合，最小のシンプレックス基準値を採用する．すべてのシンプレックス基準が正になると，それ以上目的関数の値を小さくすることができない．したがって，最適解に到達したことになり，最適解への改善を進める手順を終了する．

表 4.11 の例の場合，$\overline{c_{13}} = -5$，$\overline{c_{14}} = -4$ であるから，最小の $\overline{c_{13}}$ のセルを新たな基底変数とするために，次の手順に進む．

(4) 基底変数の入れ替え

負のシンプレックス基準 $\overline{c_{13}}$ のセルを新たな基底変数とする．倉庫 W_1 の在庫量の制約を満足しつつ，制約条件の元で，該当する行1と列3に対して割り当てられているセルの一部を増減して，x_{13} を増やす．そのためには，x_{12} を減らせばよい．しかし，都市の C_2 の需要量に対する制約は崩れてしまう．これに対応するために，たとえば，x_{32} を増やす．さらに，x_{33} を減らす．このようにループを形成すれば，在庫と需要の制約条件が満たされる．以上の計算手順によって，**表 4.12** を得る．

表 4.11 非基底解におけるシンプレックス基準

倉庫＼都市	C_1	C_2	C_3	C_4	特有定数 u_i
W_1	3 [10]	4 [4]	-5	-4	0
W_2	13	18	2 [11]	2	-9
W_3	7	5	12 [7]	15 [5] [10]	1
特有定数 v_j	3	4	11	14	

表 4.12 基底変数の入れ替えによる非基底解におけるシンプレックス基準

倉庫＼都市	C_1	C_2	C_3	C_4	特有定数 u_i
W_1	3 [10]	4 [0]	-5 [4]	-4	0
W_2	13	18	2 [11]	2	-9
W_3	7	5 [11]	12 [1]	15 [10]	1
特有定数 v_j	3	4	11	14	

この輸送費は，次のようになる．

$z = c_{11}x_{11} + c_{13}x_{13} + c_{23}x_{23} + c_{32}x_{32} + c_{33}x_{33} + c_{34}x_{34}$

$= 3 \times 10 + 6 \times 4 + 2 \times 11 + 5 \times 11 + 12 \times 1 + 15 \times 10$

$= 293$

これは，4.1.3項の(3)で求めた解よりも安くなっている．

(1) 特有定数の計算

割当てが新たになったので，割り当てられたセルについて，式(4.9)の関係からシンプレックス基準を再度計算する．

$u_i + v_j = c_{ij}, \quad i = 1, \cdots, m, \quad j = 1, \cdots, n$

これから，特有定数の間の関係は，次の $(n+m-1) = 3+4-1 = 6$ 個の式からなる方程式となる．

$$\left.\begin{aligned} u_1+v_1&=3 \\ u_1+v_3&=6 \\ u_2+v_3&=2 \\ u_3+v_2&=5 \\ u_3+v_3&=12 \\ u_3+v_4&=15 \end{aligned}\right\} \quad (4.12)$$

$u_1=0$ としてこの方程式を解くと，特有定数は，表 4.13 のようになる．

(2) シンプレックス基準の計算

割り当てられていないセルである，各非基底変数について，基底解で割当てのなかった i 行 j 列のセルについて，式(4.11) に基づいてシンプレックス基準を計算する．

$$\overline{c_{ij}}=c_{ij}-u_i-v_j$$
$$\overline{c_{12}}=4-0-(-1)=5$$
$$\overline{c_{14}}=10-0-9=1$$
$$\overline{c_{21}}=7-(-4)-3=8$$
$$\overline{c_{22}}=13-(-4)-(-1)=18$$
$$\overline{c_{24}}=7-(-4)-9=2$$
$$\overline{c_{31}}=11-6-3=2$$

これらを表 4.13 に記入する．

(3) 最適性の判定

表 4.13 を見ると，すべてのシンプレックス基準が正 ($\overline{c_{ij}}>0$) である．したがって，最適解に到達したことになり，最適解への改善を進める手順を終了する．

表 4.13 から最適計画は次の表 4.14 のとおりである．この総輸送費は，293 単位輸送費である．

表 4.13 基底解で割当てのあったセルによる行と列の特有定数

都市\倉庫	C_1	C_2	C_3	C_4	特有定数 u_i
W_1	10 3	**5**	4 6	**1**	0
W_2	**8**	**18**	11 2	**2**	-4
W_3	**2**	11 5	1 12	10 15	6
特有定数 v_j	3	-1	6	9	

表 4.14 倉庫から都市への最適輸送計画

倉庫	都市	輸送量	単位輸送費	合計
W_1	C_1	10	3	30
W_1	C_3	4	6	24
W_2	C_3	11	2	22
W_3	C_2	11	5	55
W_3	C_3	1	12	12
W_3	C_4	10	15	150
総輸送費				293

4.3.3 供給と需要が不一致の場合の扱い

ここまでに説明した例では，輸送問題を定式化した式(4.3) において，供給 a_i と需要 b_j が等しいとしている．一般には，$\sum a_i \geqq \sum b_j$ である．供給量が需要量を上回る場合，架空の都市を設けて，その都市に（総供給量－総需要量）だけの需要があるとし，架空の都市への輸送費はゼロとして，割当てを行えばよい．このように考えることによって，4.3.1 項と 4.3.2 項に説明した解法は，一般の輸送問題に適用できる．

4.4 演習

次の表4.15のように，ある会社が3つの配送センター $M_1 \sim M_3$ を持っていて，そこから小売店 $S_1 \sim S_4$ へ製品を運ぶ総輸送費を最小にするには，どのように運べばよいかを求めよ．その輸送費を表4.15に示す．在庫量の列に配送センターのそれぞれの在庫量を，需要量の行に小売店に必要な量を示す．

表4.15 配送センターから小売店への輸送費

小売店 配送センター	S_1	S_2	S_3	S_4	在庫量 a_i
M_1	5	4	7	9	21
M_2	7	9	2	6	18
M_3	10	8	11	12	15
需要量 b_j	13	12	14	15	54

4.4.1 実行可能基底解を求める手順

(1) 輸送計画表の作成

各枠内に輸送費を記入する．表の右端の欄に在庫量を，最下段に需要量を記入する．初期の表として，表4.15が得られる．

(2) 最小輸送費のセルに限度一杯の割当て

最小輸送費のセルを探すと，$c_{(\ )}=(\ )$である．それは配送センター（ ）から小売店（ ）への輸送であるので，ここに（ ）割り当てる．この割当て量（ ）をセルの右上に記入する．この割当てで，配送センター（ ）の在庫量は（ ）になる．これを在庫量の欄に記入する．小売店（ ）の需要に対する不足量は（ ）となる．これを需要量の欄に記入する．この結果，**表4.16**が得られる．

順次割り当てて，在庫の残りの量と需要の未達成量の欄がすべて0になるまで繰り返す．

次に割当て可能セルの中で最小輸送費のセルを探すと，それは（ ）である．配送センター（ ）から小売店（ ）へ（ ）割り当てる．この割当てで，配送センター（ ）の在庫量は（ ）になる．この結果，**表4.17**が得られる．

表4.16 配送センターから小売店への輸送1

小売店 配送センター	S_1	S_2	S_3	S_4	在庫量 a_i
M_1	5	4	7	9	
M_2	7	9	2	6	
M_3	10	8	11	12	
需要量 b_j					

表4.17 配送センターから小売店への輸送2

小売店 配送センター	S_1	S_2	S_3	S_4	在庫量 a_i
M_1	5	4	7	9	
M_2	7	9	2	6	
M_3	10	8	11	12	
需要量 b_j					

次に割当て可能セルの中で最小輸送費のセルを探すと，それは（ ）であり，配送センター（ ）から小売店（ ）へ割り当てる．配送センター（ ）から割当て可能量は，（ ）である．小売店（ ）への需要残量は（ ）であるので，割当て可能量（ ）を割り当てる．この割当てで，配送セ

ンター（ ）の在庫量は（ ）になる．小売店（ ）への需要残量は（ ）になる．この結果，**表 4.18** が得られる．

次に割当て可能セルの中で最小輸送費のセルを探すと，それは（ ）であり，配送センター（ ）から小売店（ ）へ（ ）割り当てる．配送センター（ ）から割当て可能量は，（ ）であり，小売店（ ）への需要残量は（ ）であるので，需要残量（ ）を割り当てる．この割当てで，配送センター（ ）の在庫量は（ ）になる．小売店（ ）への需要残量は（ ）になる．この結果，**表 4.19** が得られる．

表 4.18 配送センターから小売店への輸送 3

配送センター＼小売店	S_1	S_2	S_3	S_4	在庫量 a_i
M_1	5	4	7	9	
M_2	7	9	2	6	
M_3	10	8	11	12	
需要量 b_j					

表 4.19 配送センターから小売店への輸送 4

配送センター＼小売店	S_1	S_2	S_3	S_4	在庫量 a_i
M_1	5	4	7	9	
M_2	7	9	2	6	
M_3	10	8	11	12	
需要量 b_j					

次に割当て可能セルの中で最小輸送費のセルを探すと，それは（ ）であり，配送センター（ ）から小売店（ ）へ割り当てる．配送センター（ ）から割当て可能量は，（ ）であり，小売店（ ）への需要残量は（ ）であるので，需要残量（ ）を割り当てる．この割当てで，配送センター（ ）の在庫量は（ ）になる．小売店（ ）への需要残量は（ ）になる．この結果，**表 4.20** が得られる．

次に割当て可能セルの中で最小輸送費のセルを探すと，それは（ ）であり，配送センター（ ）から小売店（ ）へ割り当てる．配送センター（ ）から割当て可能量は，（ ）であり，小売店（ ）への需要残量は（ ）であるので，需要残量（ ）を割り当てる．この割当てで，配送センター（ ）の在庫量は（ ）になる．小売店（ ）への需要残量は（ ）になる．この結果，**表 4.21** が得られる．

表 4.20 配送センターから小売店への輸送 5

配送センター＼小売店	S_1	S_2	S_3	S_4	在庫量 a_i
M_1	5	4	7	9	
M_2	7	9	2	6	
M_3	10	8	11	12	
需要量 b_j					

表 4.21 配送センターから小売店への輸送 6

配送センター＼小売店	S_1	S_2	S_3	S_4	在庫量 a_i
M_1	5	4	7	9	
M_2	7	9	2	6	
M_3	10	8	11	12	
需要量 b_j					

これで，すべての在庫量と需要残量がすべて（ ）となり，すべての割当てが終了する．**表 4.21** の結果が実行可能基底解となる．この輸送費は，次のように求められる．

$$z = c_{(\ )}x_{(\ )} + c_{(\ )}x_{(\ )} + c_{(\ )}x_{(\ )} + c_{(\ )}x_{(\ )} + c_{(\ )}x_{(\ )} + c_{(\ )}x_{(\ )}$$
$$= (\quad) + (\quad) + (\quad) + (\quad) + (\quad) + (\quad)$$
$$= (\quad)$$

4.4.2 最適解への改善を進める手順

(1) 基底解で割当てのあったセルによる特有定数の計算

基底解で割当てのあったセルについて，輸送費と割当て量をそのままにし，割当てのなかったセルについて消して**表4.22**のようにする．さらに，行の特有定数をu_i，列の特有定数をv_jとして，表4.22のような表を作成する．

基底解で割当てのあったセルについて，行の特有定数u_i，列の特有定数v_jの間には，式(4.9)の次の関係がある．

$$u_i + v_j = c_{ij}, \quad i=1,\cdots,3, \quad j=1,\cdots,4$$

これから，特有定数の間の関係は，次の$n+m-1=(\ \ )$個の式からなる方程式となる．

$$\left.\begin{array}{l} u_{(\ )} + v_{(\ )} = (\ \ ) \\ u_{(\ )} + v_{(\ )} = (\ \ ) \\ u_{(\ )} + v_{(\ )} = (\ \ ) \\ u_{(\ )} + v_{(\ )} = (\ \ ) \\ u_{(\ )} + v_{(\ )} = (\ \ ) \\ u_{(\ )} + v_{(\ )} = (\ \ ) \end{array}\right\} \quad (4.13)$$

この式で$u_1=0$とすれば，すべての特有定数の値を決定できる．まず，最初の式に$u_1=0$を代入すると，

$$(\ \ ) + v_{(\ )} = (\ \ )$$

これから，$v_{(\ )} = (\ \ )$となる．同様にして，式(4.13)の第$(\ \ )$式に$u_1=0$を代入して，

$$0 + v_{(\ )} = (\ \ )$$

から，$v_{(\ )} = (\ \ )$となる．同様にして，式(4.13)の第$(\ \ )$式から，順次これらの値を代入して，

$$u_{(\ )} = (\ \ )$$
$$u_{(\ )} = (\ \ )$$
$$v_{(\ )} = (\ \ )$$
$$v_{(\ )} = (\ \ )$$

が求まる．求めた特有定数u_i, v_jを**表4.23**に書き込む．

表4.22 基底解で割当てのあったセルによる特有定数の計算

配送センター＼小売店	S_1	S_2	S_3	S_4	特有定数 u_i
M_1					
M_2					
M_3					
特有定数 v_j					

表4.23 非基底解におけるシンプレックス基準

配送センター＼小売店	S_1	S_2	S_3	S_4	特有定数 u_i
M_1					
M_2					
M_3					
特有定数 v_j					

(2) シンプレックス基準の計算

割り当てられていないセルである，各非基底変数について，基底解で割当てのなかったi行j列

のセルについて，式(4.11)に基づいてシンプレックス基準を計算する．

$\overline{c_{ij}} = c_{ij} - u_i - v_j, \quad i=1,\cdots,3, \quad j=1,\cdots,4$

表4.23の例の場合，非基底変数について，表4.15の c_{ij} の値を用いて，シンプレックス基準を計算すると，次のようになる．

$\overline{c_{(\ )}} = (\quad) - (\quad) - (\quad) = (\quad)$

$\overline{c_{(\ )}} = (\quad) - (\quad) - (\quad) = (\quad)$

$\overline{c_{(\ )}} = (\quad) - (\quad) - (\quad) = (\quad)$

$\overline{c_{(\ )}} = (\quad) - (\quad) - (\quad) = (\quad)$

$\overline{c_{(\ )}} = (\quad) - (\quad) - (\quad) = (\quad)$

$\overline{c_{(\ )}} = (\quad) - (\quad) - (\quad) = (\quad)$

求めたシンプレックス基準を**表4.24**に書き込む．

この実行可能基底解の輸送費は次のようになる．

$z = (\quad) \times (\quad) + (\quad) \times (\quad) + (\quad) \times (\quad) + (\quad) \times (\quad) + (\quad) \times (\quad) + (\quad) \times (\quad) = (\quad)$

(3) 最適性の判定

負のシンプレックス基準があるかどうかを調べる．

表4.24の場合，$c_{(\ )} = (\quad)$，$c_{(\ )} = (\quad)$ であるから，解の改善が可能で（　　）．最小の $c_{(\ )}$ のセルを新たな基底変数とするために，次の手順に進む．

(4) 基底変数の入れ替え

負のシンプレックス基準 $\overline{c_{(\ )}}$ のセルを新たな基底変数とする．配送センター$M_{(\ )}$の在庫量の制約を満足しつつ，$x_{(\ )}$を増やすためには，$x_{(\ )}$を減らせばよい．しかし，小売店の$S_{(\ )}$の需要量に対する制約は崩れてしまう．これに対応するために，$x_{(\ )}$を増やす．さらに，$x_{(\ )}$を減らす．このようにループを形成して，在庫と需要の制約条件を満たす．以上の計算手順によって，**表4.25**を得る．

表4.24 非基底解におけるシンプレックス基準

配送センター\小売店	S_1	S_2	S_3	S_4	特有定数 u_i
M_1					
M_2					
M_3					
特有定数 v_j					

表4.25 基底変数の入れ替え

配送センター\小売店	S_1	S_2	S_3	S_4	特有定数 u_i
M_1					
M_2					
M_3					
特有定数 v_j					

(1) 基底解で割当てのあったセルによる特有定数の計算

表4.25について，割当てのなかったセルのシンプレックス基準を消す．特有定数 u_i, v_j の値を消す．以上の操作によって，**表4.26**を得る．

基底解で割当てのあったセルについて，特有定数を求める．

$u_{(\ )} + v_{(\ )} = (\quad)$

$u_{(\ )} + v_{(\ )} = (\quad)$

$u_{(\ )}+v_{(\ )}=(\ \ )$

$u_{(\ )}+v_{(\ )}=(\ \ )$

$u_{(\ )}+v_{(\ )}=(\ \ )$

$u_{(\ )}+v_{(\ )}=(\ \ )$

求めた特有定数を表4.27に書き込む.

表4.26 基底解で割当てのあったセルによる特有定数の計算

配送センター\小売店	S_1	S_2	S_3	S_4	特有定数 u_i
M_1					
M_2					
M_3					
特有定数 v_j					

表4.27 非基底解におけるシンプレックス基準

配送センター\小売店	S_1	S_2	S_3	S_4	特有定数 u_i
M_1					
M_2					
M_3					
特有定数 v_j					

(2) シンプレックス基準の計算

各非基底変数について,シンプレックス基準を計算すると,

$\overline{c_{(\ )}}=(\ \ )-(\ \ )-(\ \ )=(\ \ )$

$\overline{c_{(\ )}}=(\ \ )-(\ \ )-(\ \ )=(\ \ )$

$\overline{c_{(\ )}}=(\ \ )-(\ \ )-(\ \ )=(\ \ )$

$\overline{c_{(\ )}}=(\ \ )-(\ \ )-(\ \ )=(\ \ )$

$\overline{c_{(\ )}}=(\ \ )-(\ \ )-(\ \ )=(\ \ )$

$\overline{c_{(\ )}}=(\ \ )-(\ \ )-(\ \ )=(\ \ )$

求めたシンプレックス基準を表4.28に書き込む.

表4.28 非基底解におけるシンプレックス基準

配送センター\小売店	S_1	S_2	S_3	S_4	特有定数 u_i
M_1					
M_2					
M_3					
特有定数 v_j					

この実行可能基底解の輸送費は次のようになる.

$z=(\ \ )\times(\ \ )+(\ \ )\times(\ \ )+(\ \ )\times(\ \ )+(\ \ )\times(\ \ )+(\ \ )\times(\ \ )+(\ \ )\times(\ \ )=(\ \ )$

(3) 最適性の判定

負のシンプレックス基準があるかどうかを調べる.

表4.28の場合,シンプレックス基準が(　　　　)であるから,最適解への改善を進める手順を終了する.

表4.28から最適輸送計画は次の表4.29のようになる.

表 4.29 配送センターから小売店への最適輸送計画

配送センター	小売店	輸送量	単位輸送費	合計
		総輸送費		

4.5 課題

1. 次の表 4.30 のように，ある会社が製品を製造する 3 つの製造工場 M_1〜M_3 を持っていて，そこから営業所 S_1〜S_4 へ製品を運ぶ総輸送費を最小にするには，どのように運べばよいかを求めよ．その輸送費を表 4.30 に示す．生産量の列に生産地のそれぞれの生産量を，需要量の行に営業所に必要な量を示す．

表 4.30 生産工場から営業所へ製品を輸送する費用

工場＼営業所	S_1	S_2	S_3	S_4	生産量 a_i
M_1	2	5	3	8	100
M_2	3	7	6	5	50
M_3	6	4	5	4	150
需要量 b_j	90	60	110	40	300

2. 次の表 4.31 のように，ある会社が製品を在庫する 3 つの倉庫 M_1〜M_3 を持っていて，そこから市場 S_1, S_2 へ製品を運ぶ総輸送費を最小にするには，どのように運べばよいかを求めよ．その輸送費を表 4.31 に示す．生産量の列に倉庫のそれぞれの在庫量を，需要量の行に市場に必要な量を示す．

表 4.31 倉庫から市場へ製品を輸送する費用

倉庫＼市場	S_1	S_2	在庫量 a_i
M_1	11	12	9
M_2	9	14	7
M_3	9	13	10
需要量 b_j	16	8	

第5章　割当て問題

5.1　目　的

割当て問題は，線形計画法の特殊な形をした問題である．n 個の仕事を n 人に適切に割り当てるような問題である．これは，n 個の「生産地」と，同数の n 個の「消費地」の間で，どの生産地での供給量も，どの消費地の需要量もすべて 1 という問題で，輸送問題の特殊なものと見ることができる．この問題のための特別の解法を知る．

5.2　問題の定式化

割当て問題というのは，たとえば，ある会社のいくつかの営業所に社員が 1 人ずつ駐在している．5 つの担当地区と 5 人の営業社員がおり，それらの社員を各地区に派遣するには経費が異なり，**表 5.1** のように経費がかかる．どの社員をどこの地区に派遣すると，最も総経費が安くなるかという問題である．また，ある大学では n 人の学生を n 個の研究室に所属させるために，学生の所属希望順位を尋ねた．その希望順位の総和が最小になるように学生を研究室に割り当てるにはどのように組み合わせるとよいかという問題も割当て問題である．これらは目的関数を最小化する問題である．

各装置の各仕事に対する処理能力がわかっていて，n 台の装置に n 種類の仕事を割り当てる場合，全体の能率を最大にするには，どの仕事をどの装置に割り当てればよいかといった問題である．あるいは，表 5.1 の値を営業成績と見て，ある会社の営業課には，n 個の担当区域と n 人の社員がおり，それらの社員は担当区域によってその営業成績が異なる．どの社員をどこの区域に担当を割り当てると，最も営業成績全体が良くなるかという問題も割当て問題である．これらは目的関数を最大化する問題である．

表 5.1　社員の派遣に要する経費
（各社員の営業成績）

地域＼社員	赤木	岩田	宇山	江藤	小川
A 地区	7	2	9	8	7
B 地区	3	9	8	5	6
C 地区	8	9	4	7	4
D 地区	1	7	5	3	8
E 地区	5	7	8	2	6

このような割当て問題は，前章で扱った輸送問題の特殊な問題で，次のように定式化される．各割当て先はいずれか唯一の割当て元に割り当てられなければならないので，式 (5.1) が成立しなければならない．各割当て元もいずれか唯一の割当て先に割り当てられなければならないので，式 (5.2) が成立しなければならない．x_{ij} のとる値は，社員 i を地区 j に割り当てられるかそうでないかで $\{0,1\}$ のいずれかであるので，式 (5.3) が成立しなければならない．

割当て先制約　　$\sum_{j=1}^{n} x_{ij} = 1, \quad i = 1, 2, \cdots, n$ （5.1）

割当て元制約　　$\sum_{i=1}^{n} x_{ij} = 1, \quad j = 1, 2, \cdots, n$ （5.2）

0,1 制約　　　　$x_{ij} = \{0, 1\}, \quad i = 1, 2, \cdots, n, \quad j = 1, 2, \cdots, n$ （5.3）

の制約条件の下で，目的関数

$$\min \quad z = \sum_{i=1}^{n} \sum_{j=1}^{n} c_{ij} x_{ij} \tag{5.4}$$

を最小とする x_{ij} の値を求める問題となる．ここで c_{ij} は輸送費用である．輸送費とは，派遣する経費，所属希望順位，処理能率，営業成績などを意味している．

この問題における，考えられるすべての組合せは，$n!$ 通りである．単純に考えると，すべての割り当てを比較して，最適計画を探せばよい．しかし，$n!$ は，n が大きくなると，急激に大きくなる．たとえば，10 人の社員に 10 地域を割り当てる場合の組合せの数は $10! = 3{,}628{,}800$ である．さらに $n = 20$ の場合の組合せの数は $20! = 2{,}432{,}902{,}008{,}176{,}640{,}000$ となる．スーパーコンピュータで $n!$ 通りのすべての組合せを計算しても何年もかかる．

この問題の解を少ない計算で求める，特別な解法が提案されている．以下に，簡単な数値例を用いて，問題の解法を説明する．

5.3 問題の解法

5.3.1 最小化割当て問題

5 個所の駐車場にあるトラックを 5 個所の出荷先 $A \sim E$ に割り当てるために，その総輸送費を最小となるような割当てを求めよ．その単位輸送費は**表 5.2** で与えられているとする．

表 5.2 トラックを出荷先に輸送する費用

出荷先＼トラック	豊野	日吉	鈴田	野木	大下
A 地区	4	7	10	6	3
B 地区	3	9	8	5	6
C 地区	9	5	4	7	4
D 地区	4	7	5	3	8
E 地区	5	6	3	2	10

この場合の総輸送費を最小にするための最小化割当て問題を定式化すると，次のようになる．

割当て元制約　　$\sum_{j=1}^{5} x_{ij} = 1, \quad i = 1, 2, \cdots, 5$ （5.5）

割当て先制約　　$\sum_{i=1}^{5} x_{ij} = 1, \quad j = 1, 2, \cdots, 5$ （5.6）

0,1 制約　　　　$x_{ij} = \{0, 1\}, \quad i = 1, 2, \cdots, 5, \quad j = 1, 2, \cdots, 5$ （5.7）

の制約条件の下で，目的関数

$$\min \quad z = \sum_{i=1}^{5} \sum_{j=1}^{5} c_{ij} x_{ij} \tag{5.8}$$

を最小とする x_{ij} の値を求める問題となる．

最小化割当て問題を解く手順をこの問題を用いて，説明する．

(1) 各行の最小値を引いて修正行列1の作成

各行 i の最小値 $\min_j c_{ij}=d_i$ を求める．その行のそれぞれの数値 c_{ij} からその最小値 d_i を引いて，**表5.3**のような修正行列 $C_1=(c_{ij}-d_i)$ を作る．この修正行列の各行は少なくとも1個の0を含むようになる．たとえば，1行目の最小値は $d_1=3$ である．表5.2の1行目の各値から3を引くと，表5.3の1行目のようになる．残りの行についても同じ操作を行うと2～5行のようになる．

(2) 各列の最小値を引いて修正行列2の作成

続いて，各列の最小値 $\min_i c_{ij}=e_j$ を求め，各列のそれぞれの数値からその値 e_j を引く．これにより表5.4の修正行列 $C_2=(c_{ij}-e_j)$ が得られる．この操作の後に，各行，各列には少なくとも1個の0を含むようになる．たとえば，第2列の最小値は $e_2=1$ である．表5.3の第2列の各値から1を引くと，**表5.4**の第2列のようになる．残りの列についても同じ操作を行う．いまの場合，他の列の最小値が0であるので，表5.3と同じ列の値になる．

表5.3 各行の最小値を引いた修正行列 C_1

出荷先＼トラック	豊野	日吉	鈴田	野木	大下
A地区	1	4	7	3	0
B地区	0	6	5	2	3
C地区	5	1	0	3	0
D地区	1	4	2	0	5
E地区	3	4	1	0	8

表5.4 各列の最小値を引いた修正行列 C_2

出荷先＼トラック	豊野	日吉	鈴田	野木	大下
A地区	1	3	7	3	0
B地区	0	5	5	2	3
C地区	5	0	0	3	0
D地区	1	3	2	0	5
E地区	3	3	1	0	8

(3) 各行の最小割当ての探索

それぞれの行について，0が1個だけ含まれている行を順次探して，あればその0を ( ) で囲む．これは，その列のトラックを該当する行の出荷先に割り当てることを意味している．

その0と同じ列にある他の0は，もう他の行には割り当てられないので×印を付ける．これは，その行に (0) の付いた列を割り当てたことになる．その結果，**表5.5**が得られる．

(4) 各列の最小割当ての探索

それぞれの列について同様にして，無印で残っている0を1個だけ含む列を順次探して，その0を ( ) で囲み，その0と同じ行に他の0があればその0に×印を付ける．その結果，**表5.6**が得られる．

こうして，無印の0が無くなったときに，それが最大割当てとなる．

表5.5 各行の最小割当てに ( ) を付けた修正行列 C_3

出荷先＼トラック	豊野	日吉	鈴田	野木	大下
A地区	1	3	7	3	(0)
B地区	(0)	5	5	2	3
C地区	5	0	0	3	×0
D地区	1	3	2	(0)	5
E地区	3	3	1	×0	8

表5.6 各列の最小割当てに ( ) を付けた修正行列 C_4

出荷先＼トラック	豊野	日吉	鈴田	野木	大下
A地区	1	3	7	3	(0)
B地区	(0)	5	5	2	3
C地区	5	(0)	×0	3	×0
D地区	1	3	2	(0)	5
E地区	3	3	1	×0	8

(5) 最適割当ての判定

最小割当ての数（(0) の数）$=n$ であれば，その割当てを最適計画として終わる．そうでない場

合，次の手順へ行く．

表 5.6 の場合，最小割当ての数（(0)の数）＝4≠n＝5 であるので，次の手順 (6) へ行く．

(6) 第 2 修正行列の作成

修正行列に次の操作をして，**表 5.7** の第 2 修正行列を得る．

(a) 割当てのない行の左に＞印を付ける．
(b) この＞印が付けられた行の 0 を含む列すべてに▽印を付ける．
(c) ▽印が付けられた列で割り当てられた 0 を ( ) で囲んだものを含む行に＞印を付ける（いま＞印が付けられた行について同様のことを繰り返し，▽印に該当する 0 が無くなるまで続ける）．
(d) ＞印の付いていない行に線を引く．▽印の付いている列に線を引く．
(e) 線でおおわれていない数値の中から，最小値を見つけて次の操作をする．
　①線でおおわれていない数値からその最小値を引く．
　②2 つの線の交点にある数値にはその最小値を足す．
　③1 つの線でおおわれている数値は，そのままにしておく．

表 5.6 の修正行列の場合，(a)(b)(c) の操作の結果，表 5.7 が得られる．続いて，(d) の操作の結果，表 5.8 が得られる．

表 5.7 ＞と▽印を記入した第 2 修正行列

出荷先＼トラック	豊野	日吉	鈴田	野木	大下
A 地区	1	3	7	3	0
B 地区	(0)	5	5	2	3
C 地区	5	(0)	×0	3	×0
D 地区	1	3	2	(0)	5
a＞ E 地区	3	3	1	×0	8

（▽印は 豊野 の上）

表 5.8 線引きした第 2 修正行列

出荷先＼トラック	豊野	日吉	鈴田	野木	大下
A 地区	1	3	7	3	(0)
B 地区	(0)	5	5	2	3
C 地区	5	(0)	×0	3	×0
c＞ D 地区	1	3	2	(0)	5
a＞ E 地区	3	3	1	×0	8

(e) 線でおおわれていない数値の最小値は，1 である．線でおおわれていない数値から 1 を引く．①の操作の結果，表 5.9 が得られる．2 つの線の交点にある数値に 1 を足す．②の操作の結果，表 5.10 が得られる．

表 5.9 線でおおわれていない数値から 1 を引いた第 2 修正行列

出荷先＼トラック	豊野	日吉	鈴田	野木	大下
A 地区	1	3	7	3	(0)
B 地区	(0)	5	5	2	3
C 地区	5	(0)	×0	3	×0
c＞ D 地区	0	2	1	(0)	4
a＞ E 地区	2	2	0	×0	7

表 5.10 線の交点にある数値に 1 を足した第 2 修正行列

出荷先＼トラック	豊野	日吉	鈴田	野木	大下
A 地区	1	3	7	4	(0)
B 地区	(0)	5	5	3	3
C 地区	5	(0)	×0	4	×0
c＞ D 地区	0	2	1	(0)	4
a＞ E 地区	2	2	0	×0	7

(3) 行の最小割当ての探索

表 5.10 の ( )，×，線をすべて消して，**表 5.11** が得られる．この表 5.11 について，手順 (3) のそれぞれの行について，0 が 1 個だけ含まれている行を順次探して，あればその 0 を ( ) で囲む．その 0 と同じ列にある他の 0 は，もう他の行には割り当てられないので×印を付ける．その結果，**表 5.12** が得られる．

表 5.11　第 2 回の第 2 修正行列

出荷先＼トラック	豊野	日吉	鈴田	野木	大下
A 地区	1	3	7	4	0
B 地区	0	5	5	3	3
C 地区	5	0	0	4	0
D 地区	0	2	1	0	4
E 地区	2	2	0	0	7

表 5.12　各行の最小割当てに（）を付けた第 2 修正行列

出荷先＼トラック	豊野	日吉	鈴田	野木	大下
A 地区	1	3	7	4	(0)
B 地区	(0)	5	5	3	3
C 地区	5	0	×0	4	×0
D 地区	×0	2	1	(0)	4
E 地区	2	2	(0)	×0	7

(4) 列の最小割当ての探索

表 5.12 について，手順（4）のそれぞれの列について，無印で残っている 0 を 1 個だけ含む列を順次探して，その 0 を（）で囲み，その 0 と同じ行に他の 0 があればその 0 に×印を付ける．この場合 0 があるのは列 2 だけである．その 0 に（）を付ける．その結果，**表 5.13** が得られる．

(5) 最適割当ての判定

表 5.13 の場合，最小割当ての数＝5＝n＝5 であるので，この割当てを最適計画として終わる．この表の（0）のセルに割り当てられたことになる．これから最適割当て計画を**表 5.14** に示す．各費用を合計すると，z＝3＋5＋3＋3＋3＝17 となる．これから最小費用は 17 である．

表 5.13　各列の最小割当てに（）を付けた第 2 修正行列

出荷先＼トラック	豊野	日吉	鈴田	野木	大下
A 地区	1	3	7	4	(0)
B 地区	(0)	5	5	3	3
C 地区	5	(0)	×0	4	×0
D 地区	×0	2	1	(0)	4
E 地区	2	2	(0)	×0	7

表 5.14　最適割当て計画

トラック	出荷先	費用
豊野	B	3
日吉	C	5
鈴田	E	3
野木	D	3
大下	A	3
合　　計		17

5.3.2　最大化割当て問題

前項では，最小化割当て問題の解法を説明した．次に，最大化割当て問題を考える．この場合，最初に与えられた輸送費の行列の中の最大値から，それぞれの要素の値を引くと，得られた行列は，最小化割当て問題の行列に対応するものとなる．この変換した行列を用いれば，最小化割当て問題と同じ解法を用いて解くことができる．

たとえば，ある会社の営業課には，5 つの担当区域と 5 人の社員がおり，それらの社員は担当区域によってその営業成績が異なり，表 5.1 のように評価されている．どの社員をどこの区域に担当を割り当てると，最も営業成績全体が良くなるかという問題を解いてみよう．

(0) 最大値の探索と最小化割当て問題に対応する行列の計算

与えられた行列の中の最大値を探す．表 5.1 の中の最大値を探すと，9 である．

次に，その最大値から与えられた行列の要素を引く．表 5.1 の場合，最大値 9 から表 5.1 の要素を引くと，**表 5.15** が得られる．

(1) 各行の最小値を引いて修正行列 1 の作成

各行 i の最小値 $\min_j c_{ij} = d_i$ を求める．その行のそれぞれの数値 c_{ij} からその最小値 d_i を引いて，

表5.16のような修正行列 C_1 を作る．この修正行列の各行は少なくとも1個の0を含むようになる．

表5.15 最小化割当て問題に対応する行列

地域＼社員	赤木	岩田	宇山	江藤	小川	最小値
A地区	2	7	0	1	2	0
B地区	6	0	1	4	3	0
C地区	1	0	5	2	5	0
D地区	8	2	4	6	1	1
E地区	4	2	1	7	3	1

表5.16 各行の最小値を引いた修正行列 C_1

地域＼社員	赤木	岩田	宇山	江藤	小川
A地区	2	7	0	1	2
B地区	6	0	1	4	3
C地区	1	0	5	2	5
D地区	7	1	3	5	0
E地区	3	1	0	6	2
最小値	1	0	0	1	0

(2) 各列の最小値を引いて修正行列2の作成

続いて，各列の最小値 $\min_i c_{ij} = e_j$ を求め，各列のそれぞれの数値からその値 e_j を引く．これにより表5.17が得られる．各行，各列には少なくても1個の0を含むようになる．

(3) 各行の最小割当ての探索

それぞれの行について，0が1個だけ含まれている行を順次探して，あればその0を（）で囲む．

その0と同じ列にある他の0に×印を付ける．その結果，表5.18が得られる．これで，その行の地区に（）の付いた（0）列の社員を割り当てたことになる．

表5.17 各列の最小値を引いた修正行列 C_2

地域＼社員	赤木	岩田	宇山	江藤	小川
A地区	1	7	0	0	2
B地区	5	0	1	3	3
C地区	0	0	5	1	5
D地区	6	1	3	4	0
E地区	2	1	0	5	2

表5.18 各行の最小割当てに（）を付けた修正行列 C_3

地域＼社員	赤木	岩田	宇山	江藤	小川
A地区	1	7	×0	0	2
B地区	5	(0)	1	3	3
C地区	(0)	×0	5	1	5
D地区	6	1	3	4	(0)
E地区	2	1	(0)	5	2

(4) 各列の最小割当ての探索

それぞれの列について同様にして，無印で残っている0を1個だけ含む列を順次探して，その0を（）で囲む．その0と同じ行に他の0があればその0を×印を付ける．その結果，表5.19が得られる．

(5) 最適割当ての判定

最小割当ての数（(0)の数）$=n$ であれば，その割当てを最適計画として終わる．そうでない場合，次の手順へ行く．

表5.19 各列の最小割当てに（）を付けた修正行列 C_4

地域＼社員	赤木	岩田	宇山	江藤	小川
A地区	1	7	×0	(0)	2
B地区	5	(0)	1	3	3
C地区	(0)	×0	5	1	5
D地区	6	1	3	4	(0)
E地区	2	1	(0)	5	2

表5.20 最適割当て計画

社員	地域	営業成績
赤木	C	8
岩田	B	9
宇山	E	8
江藤	A	8
小川	D	8
合　計		41

表 5.19 の場合，最小割当ての数 $=5=n=5$ であるので，表 5.19 の割当てを最適計画として終わる．(0) のセルに割り当てられたことになる．表 5.1 の営業成績を用いて，**表 5.20**のように最適計画をまとめると，最大営業成績は 41 である．

5.4 演習

ある工場で，工具の使用する機械ごとの仕事効率を調べたところ，**表 5.21**のようであった．これから，仕事効率が最大になる，工具に使用させる機械の割当て計画を求めよ．

表 5.21 工具の使用する機械ごとの仕事効率

機械\工具	A	B	C	D	E	F
I	35	30	50	60	40	25
II	50	80	65	45	30	20
III	30	50	60	40	40	80
IV	40	35	50	50	50	45
V	35	30	25	40	40	30
VI	50	25	55	45	75	40

(0) 最大値の探索と最小化割当て問題に対応する行列の計算

与えられた行列の中の最大値を探す．表 5.21 の中の最大値を探すと，(　) である．

次に，その最大値から与えられた行列の要素を引く．表 5.21 の場合，最大値 (　) から表 5.21 の要素を引くと，**表 5.22**が得られる．

(1) 各行の最小値を引いて修正行列 1 の作成

各行 i の最小値 $\min_j c_{ij}$ を求める．その行のそれぞれの数値 c_{ij} からその最小値を引いて，**表 5.23**のような修正行列 C_1 を作る．この修正行列の各行は少なくとも 1 個の 0 を含むようになる．

表 5.22 最小化割当て問題に対応する行列

機械\工具	A	B	C	D	E	F	最小値
I							
II							
III							
IV							
V							
VI							

表 5.23 各行の最小値を引いた修正行列 C_1

機械\工具	A	B	C	D	E	F
I						
II						
III						
IV						
V						
VI						

(2) 各列の最小値を引いて修正行列 2 の作成

続いて，各列の最小値 $\min_i c_{ij}$ を求め，各列のそれぞれの数値からその値を引く．これにより**表 5.24**が得られる．各行，各列には少なくとも 1 個の 0 を含むようになる．

(3) 各行の最小割当ての探索

それぞれの行について，0 が 1 個だけ含まれている行の 0 を（　）で囲む．その 0 と同じ列にある他の 0 に×印を付ける．

その結果，**表 5.25**が得られる．これで，その行の地区に（　）の付いた (0) 列の工具を割り当てたことになる．

表 5.24 各列の最小値を引いた修正行列 C_2

機械＼工具	A	B	C	D	E	F
I						
II						
III						
IV						
V						
VI						

表 5.25 各行の最小割当てに（ ）を付けた修正行列 C_3

機械＼工具	A	B	C	D	E	F
I						
II						
III						
IV						
V						
VI						

(4) 各列の最小割当ての探索

それぞれの列について同様にして，無印で残っている 0 を 1 個だけ含む列の 0 を（ ）で囲む．その 0 と同じ行に他の 0 があれば，その 0 に×印を付ける．その結果，**表 5.26** が得られる．

(5) 最適割当ての判定

表 5.26 の場合，最小割当ての数 ＝（ ）＝n＝6 であるので，表 5.26 の割当てを最適計画として終わる．(0) のセルに割り当てられたことになる．表 5.21 の仕事効率を用いて，**表 5.27** のように最適計画をまとめると，最大仕事効率は（　　　）である．

表 5.26 各列の最大割当てに（ ）を付けた修正行列 C_4

機械＼工具	A	B	C	D	E	F
I						
II						
III						
IV						
V						
VI						

表 5.27 最適割当て計画

工具	機械	仕事効率
A		
B		
C		
D		
E		
F		
合　　計		

5.5 課題

1. ある大学では，10人の学生を10ゼミに所属させるために，学生の所属希望順位を尋ねた結果，**表5.28**のようになった．その希望順位の総和が最小になるように学生をゼミに割り当てるにはどのように組み合わせるとよいか．

表5.28 学生の所属希望順位

ゼミ＼学生	秋夫	一郎	梅子	絵美	寛二	菊江	久美	賢治	史郎	寿美
Ant	8	2	10	1	2	7	2	10	8	3
Beer	9	9	6	3	5	4	10	6	7	6
Cake	2	8	4	4	4	10	5	1	5	4
Drama	10	7	6	5	7	1	3	5	3	8
Exit	5	6	7	2	10	9	7	8	1	9
Fire	7	1	1	10	3	8	1	9	10	2
Gate	3	10	9	7	6	3	6	7	3	5
Hight	4	4	3	8	1	2	9	4	4	10
Ice	1	3	5	10	8	6	8	2	6	7
Juice	6	5	8	6	9	5	4	3	2	1

2. ある工場の工作課には，5つの仕事があり，5人の工員がいる．それらの工員は仕事の性質によってその効率が異なり，**表5.29**のように評価されている．どの工員にどの仕事を割り当てると，工作課全体として最も能率的に作業が行われるか．

表5.29 工員の仕事による効率

仕事＼工員	東京	京都	大阪	岡山	博多
旋盤	3	9	18	3	6
溶接	5	7	8	2	10
洗浄	1	7	5	3	8
組立て	7	2	10	12	13
検査	12	9	4	4	4

第6章 巡回セールスマン問題

6.1 目 的

巡回セールスマン問題（traveling salesman problem）とは，同じ都市には2回以上寄らないでn都市全部を回って元の出発点に戻り，その移動した距離の総和を最小にする経路を選ぶ問題である．この問題は，1つの都市や機械から他へ移ることに伴う費用，時間，距離，あるいはその他有効な測定可能な値の総和を最小になるように，ものの順番を決める問題である．対象となるものは経路の中にただ1回だけ現れるという制約がある．この問題のための特別の解法を知る．

6.2 問題の定式化

巡回セールスマン問題とは，距離，時間，費用などの総和が最小になるように連続して都市を回る問題，工場の部品などを製造する順序を決める問題である．半導体の素子を配置する場合，配線の長さをできるだけ小さくして，処理速度を速くする問題もある．ある工場である製品を生産するために，n個の部品を製造する工程がある．その際に，部品$A_i (i=1, 2, \cdots, n)$を終え，次に部品$A_j (j=1, 2, \cdots, n)$を製造する．異なる部品を製造するためにかかる段取り費c_{ij}は次に製造する部品によって異なる．

巡回セールスマン問題は，割当て問題の特殊な問題である．割当て問題では，与えられる行列の行は機械であり，列は行員であるというように，異なるものであった．ところが，巡回セールスマン問題では，**表6.1**に示すように与えられる行列の行と列のどちらも同じものになる．また，同じ都市には2回以上寄らない制約のために，実際の距離はゼロであるが，行列の対角要素は無限大に設定する．さらに，都市から都市へ巡る問題では，表6.1に示すように対称行列になっている．段取り費などのような場合は，**表6.2**に示すように対称行列にならない．

表6.1 都市から都市への移動距離

都市＼都市	A	B	C	D	E	F
A	∞	30	50	60	40	25
B	30	∞	65	45	20	20
C	50	65	∞	40	40	80
D	60	45	40	∞	50	45
E	40	30	40	50	∞	30
F	25	20	80	45	30	∞

表6.2 部品を製造した後の段取り費（万円）

機械＼機械	A	B	C	D	E	最小値
A	∞	2	9	8	7	2
B	3	∞	8	5	6	3
C	8	9	∞	7	4	4
D	1	7	5	∞	8	1
E	5	7	8	2	∞	2

巡回セールスマン問題は，次のように定式化される．各割当て先はいずれか唯一の割当て元に割り当てなければならないので，式(6.1)が成立しなければならない．各割当て元もいずれか唯一の

割当て先に割り当てられなければならないので，式(6.2) が成立しなければならない．y_i のとる値を非負として，n 都市全部を回って元の出発点に戻るという制約のために，式(6.3) が成立しなければならない．都市 i から都市 j に行く場合，$x_{ij}=1$ であり，そうでない場合 $x_{ij}=0$ であるとして，x_{ij} のとる値は，$\{0,1\}$ のいずれかであるので，式(6.4) が成立しなければならない．y_i は非負であるので，式(6.5) が成立しなければならない．2 都市 (i,j) の間の経路の集合を R する．

割当て先制約 $\sum_{j=1}^{n} x_{ij}=1, \quad i=1,2,\cdots,n$ (6.1)

割当て元制約 $\sum_{i=1}^{n} x_{ij}=1, \quad j=1,2,\cdots,n$ (6.2)

巡回路構成制約 $y_i-y_j+nx_{ij} \leq n-1, \quad (i,j)\in R, i,j=2,\cdots,n$ (6.3)

0, 1 制約 $x_{ij}=\{0,1\}, \quad (i,j)\in R$ (6.4)

非負制約 $y_i \geq 0, \quad i=2,\cdots,n,$ (6.5)

これらの制約条件の下で，目的関数

$$\min \quad z=\sum_{(i,j)\in R}^{n} c_{ij} x_{ij} \quad (6.6)$$

を最小とする x_{ij} の値を求める問題となる．

6.3 問題の解法

ある工場で製品を生産するために，5個の部品を製造する工程 A〜E が1回ずつある．その際に，部品 A〜E のいずれかの製造を終え，次にその部品を除いた部品 A〜E のいずれかを製造する．部品 A〜E を製造した後に他の部品を製造するためにかかる段取り費（万円）を表 6.2 に示す．総和が最小になるように連続して部品の製造を順序づける割当て計画を求めてみよう．

巡回セールスマン問題を解く手順をこの問題を用いて，説明する．

(0) 表の修正

与えられた表 6.2 において，A から A（部品 A の製造を終わってから，製品 A の製造にかかる段取り費）は ∞ になっているが，この段取り費は実際には 0 万円である．題意は総段取り費の最小を求めるのであるから，これでは部品 A を製造した後どの部品も製造しないで A に戻ってしまうおそれがあるので，このようなことを防ぐために，対角要素を無限大に設定している．

この後は 5.3 節の最小化割当て問題の手順に従って解く．

(1) 各行の最小値を引いて修正行列の作成

各行の最小値を求め，その行の値からその最小値をそれぞれ引いて，**表6.3** のような修正行列を作る．各行には少なくとも 1 個の 0 を含むようになる．

表 6.3 各行の最小値を引いた修正行列

から＼へ	A	B	C	D	E
A	∞	0	7	6	5
B	0	∞	5	2	3
C	4	5	∞	3	0
D	0	6	4	∞	7
E	3	5	6	0	∞
最小値	0	0	4	0	0

表 6.4 各列の最小値を引いた修正行列

から＼へ	A	B	C	D	E
A	∞	0	3	6	5
B	0	∞	1	2	3
C	4	5	∞	3	0
D	0	6	0	∞	7
E	3	5	2	0	∞

(2) 各列の最小値を引いて修正行列の作成

続いて，各列の最小値を求め，各列の数値からその最小値をそれぞれ引く．これにより**表 6.4** が得られ，各行，各列には少なくとも1個の0を含むようになる．

(3) 各行の最小割当ての探索

それぞれの行について，0が1個だけ含まれている行を順次探す．あればその0を（ ）で囲む．その（0）と同じ列にある他の0に，×印を付ける．その結果，**表 6.5** が得られる．

(4) 各列の最小割当ての探索

それぞれの列について同様にして，表 6.5 において無印で残っている0を1個だけ含む列を順次探して，その0を（ ）で囲み，その0と同じ行に他の0があればその0に×印を付ける．その結果，**表 6.6** が得られる．

こうして，無印の0が無くなったときに，それが最小割当てとなる．

表 6.5 各行の最小割当てに（ ）を付けた修正行列

から＼へ	A	B	C	D	E
A	∞	(0)	3	6	5
B	(0)	∞	1	2	3
C	4	5	∞	3	(0)
D	×0	6	(0)	∞	7
E	3	5	2	(0)	∞

表 6.6 各列の最小割当てに（ ）を付けた修正行列

から＼へ	A	B	C	D	E
A	∞	(0)	3	6	5
B	(0)	∞	1	2	3
C	4	5	∞	3	(0)
D	×0	6	(0)	∞	7
E	3	5	2	(0)	∞

(5) 最適割当ての判定

表 6.6 において，最大割当ての（(0)の数）個数(5)＝行の個数(5)であるので，割当てとして最適計画が得られたことになる．

表 6.6 の割当てから製造順序を求めると，次の2つの繰り返しとなってしまう．

```
A → B
↑___|
C → E → D
↑_____|
```

この計画は，全部品を製造してから一番最初に製造した部品へ帰るという題意に反している．

(6) 0でない最小値の探索

この場合は，次の手順によって解決する．最適割当て（表 6.6）のうち，0でない数値で最小値を見つける．それに○印を付ける．最小値がいくつもあれば，そのうちのどれか1つに○印を付ける．○印を付ける個所によって，最適であり実行可能である異なった順序が求まる．

表 6.6 の場合，最小値は $c_{23}=1$ で1個だけである．その2行3列の要素に○印を付ける．その結果，**表 6.7** が得られる．

(7) 最小値を含む行と列の削除

実行可能解が求まらなかったので，この操作をすることによって，BからCに割り当てたことになる．その第2行から該当する第3列に割り当てたこと（B→C）を意味している．この最小値を含む行と列を除く．ここでは，B行とC列を除いて，**表 6.8** を得る．

表6.7　0でない最小値の探索

から＼へ	A	B	C	D	E
A	∞	(0)	3	6	5
B	(0)	∞	○1	2	3
C	4	5	∞	3	(0)
D	×0	6	(0)	∞	7
E	3	5	2	(0)	∞

表6.8　最小値を含む行と列の削除

から＼へ	A	B	D	E
A	∞	0	6	5
C	4	5	3	0
D	0	6	∞	7
E	3	5	0	∞

(3) 各行の最小割当ての探索

　表6.8のそれぞれの行について，0が1個だけ含まれている行を順次探して，あればその0を（ ）で囲む．その0と同じ列にある他の0に，×印を付ける．その結果，**表6.9**が得られ，4個所が（0）になる．

表6.9　各行の最大割当ての探索

から＼へ	A	B	D	E
A	∞	(0)	6	5
C	4	5	3	(0)
D	(0)	6	∞	7
E	3	5	(0)	∞

(4) 各列の最小割当ての探索

　それぞれの列について，無印で残っている0を1個だけ含む列を順次探して，その0を（ ）で囲み，その0と同じ行に他の0があればその0に×印を付ける．この例では，列については，該当するものは見つからなく，表6.9と同じ行列のままである．

(5) 最適割当てと順序の判定

　表6.9において，最大割当ての（(0)の数）個数(4)＝行の個数(4)であるので，割当てとして最適計画が得られたことになる．

　表6.9の割当てから製造順序を求めると，次のような繰り返しとなっている．

　　　A→B
　　　C→E→D→A

　手順(7)で決まった割当てはB→Cである．

　これらの結果から，次のようなループになっていることがわかる．

　　　A→B→C→E→D

　この計画は，全部品を製造してから一番最初に製造した部品へ帰るという題意に則しているので，最適な順序が得られたことになる．この最適製造順序の段取り費は表6.2から次のとおりで，合計17（万円）である．

　　　製造順序　A→B→C→E→D→A　合計
　　　段取り費　　2　8　4　2　1　　17

6.4 演習

ある会社の営業社員が5個所の都市 A〜E を1回ずつ訪れるように指示された．5個所の都市の間の距離（km）を**表 6.10** に示す．総移動距離が最小になるように連続して5個所の都市 A〜E を移動する順序を求めよ．

表 6.10 都市から都市への移動距離

都市＼都市	A	B	C	D	E	最小値
A	∞	20	20	50	40	
B	30	∞	10	30	20	
C	20	10	∞	30	20	
D	50	30	20	∞	10	
E	40	20	20	10	∞	

(1) 各行の最小値を引いて修正行列1の作成

各行の最小値を求め，その値を表 6.10 の右側に記入する．各行の数値から最小値をそれぞれ引いて，**表 6.11** に記入する．

(2) 各列の最小値を引いて修正行列2の作成

各列の最小値を求め，その値を表 6.11 の下側に記入する．各列の数値から最小値をそれぞれ引いて，**表 6.12** に記入する．

表 6.11 各行の最小値を引いた修正行列1

都市＼都市	A	B	C	D	E
A					
B					
C					
D					
E					

最小値

表 6.12 各列の最小値を引いた修正行列2

都市＼都市	A	B	C	D	E
A					
B					
C					
D					
E					

(3) 各行の最小割当ての探索

それぞれの行について，0が1個だけ含まれている行を順次探す．あればその0を（ ）で囲む．その（0）と同じ列にある他の0に，×印を付ける．その結果，**表 6.13** が得られる．

表 6.13 各行の最小割当てに（ ）を付けた修正行列

都市＼都市	A	B	C	D	E
A					
B					
C					
D					
E					

表 6.14 各列の最小割当てに（ ）を付けた修正行列

都市＼都市	A	B	C	D	E
A					
B					
C					
D					
E					

(4) 各列の最小割当ての探索

それぞれの列について同様にして，無印で残っている0を1個だけ含む列を順次探して，その0を（ ）で囲み，その0と同じ行に他の0があればその0に×印を付ける．その結果，**表6.14**が得られる．

(5) 最適割当ての判定

最大割当ての（(0)の数）個数（ ）＝行の個数（ ）であるので，割当てとして最適計画が（　　　　　）ことになる．

表6.14の割当てによって製造順序を求めると，次のようになる．

(6) 0でない最小値の探索

最適割当てのうち，上の行から，0でない数値で最小値を見つける．**表6.15**において，最初に見つかったセルに，○印を付ける．

(7) 最小値を含む行と列の削除

○印が付いた最小値を含む（ ）行と（ ）列を除くと**表6.16**が得られる．この操作によって，（ ）から（ ）に割り当てたことになる．

表6.15　0でない最小値に○を付けた行列

都市＼都市	A	B	C	D	E
A					
B					
C					
D					
E					

表6.16　最小値を含む行と列の削除

都市＼都市					

(3) 各行の最小割当ての探索

それぞれの行について，0が1個だけ含まれている行を順次探して，あればその0を（ ）で囲む．その0と同じ列にある他の0に，×印を付ける．その結果，**表6.17**が得られる．

(4) 各列の最小割当ての探索

それぞれの列について，無印で残っている0を1個だけ含む列を順次探して，その0を（ ）で囲み，その0と同じ行に他の0があればその0に×印を付ける．その結果，**表6.18**が得られる．

表6.17　各行の最小割当ての探索

都市＼都市				

表6.18　各列の最小割当ての探索

都市＼都市				

(5) 最適割当ての判定

最大割当ての（(0)の数）個数（　）＝行の個数（　）であるので，割当てとして最適計画が得られて（　　）．

(6) 第2修正行列の作成

5.3節の手順(6)にしたがって，次のように第2修正行列を作成する．

(a) **表6.19**において，割当てのない行の左に＞印を付ける．

(b) この＞印が付けられた行の0を含む列すべてに∇印を付ける．

(c) ∇印が付けられた列で割り当てられた0を（ ）で囲んだものを含む行に＞印を付ける（いま＞印が付けられた行について同様のことを繰り返し，∇印に該当する0が無くなるまで続ける）．

(d) **表6.20**において，＞印の付いていない行に線を引く．∇印の付いている列に線を引く．

表6.19　＞印と∇印を付けた行列

表6.20　＞印のない行と∇印のある列に線を引いた行列

(e) 線でおおわれていない数値の中から，最小値を見つけて次の操作をする．

①**表6.21**において，線でおおわれていない数値からその最小値を引く．

②**表6.22**において，2つの線の交点にある数値にはその最小値を足す．

③1つの線でおおわれている数値は，そのままにしておく．

表6.21　線でおおわれていないセルの値から最小値を引いた行列

表6.22　線の交点にある数値に最小値を足した第2修正行列

(3) 行の最小割当ての探索

表6.22の線を消して，**表6.23**を得る．

表6.23において，それぞれの行について，0が1個だけ含まれている行を順次探して，あればその0を（ ）で囲む．その0と同じ列にある他の0に，×印を付ける．この操作によって，**表6.24**を得る．

表 6.23 第 2 回の第 2 修正行列

都市＼都市			

表 6.24 各行の最小割当てに（ ）を付けた第 2 修正行列

都市＼都市			

(4) 列の最小割当ての探索

それぞれの列について，無印で残っている 0 を 1 個だけ含む列を順次探して，その 0 を（ ）で囲み，その 0 と同じ行に他の 0 があればその 0 に×印を付ける．その結果，表 6.25 が得られる．

表 6.25 各列の最小割当てに（ ）を付けた第 2 修正行列

都市＼都市			

(5) 最適割当てと順序の判定

最大割当ての（(0)の数）個数（ ）＝行の個数（ ）であるので，割当てとして最適計画が得られて（　　）．

表 6.15 の割当てによって，移動順序は次のようになる．

表 6.25 の割当てによって，移動順序は次のようになる．

これらの結果を合わせて，移動順序は次のようになる．

この計画は，5 個所の都市 A～E を訪問して，最初の都市へ帰るという題意に則しているので，最適な順序が得られたことになる．この最適移動順序の移動距離は表 6.10 から次のとおりで，合計（　　）km である．

最適移動順序

移動順序　（ ）→（ ）→（ ）→（ ）→（ ）→（ ）　合計

移動距離　　（ ）　（ ）　（ ）　（ ）　（ ）　　（ ）

6.5 課題

1. ある工場で製品を生産するために，6個の部品を製造する工程 A～F が 1 回ずつある．その際に，部品 A～F の製造を終え，次に部品 A～F のいずれかを製造する．部品 A～F を製造した後に他の部品を製造するためにかかる段取り費を**表 6.26** に示す．総和が最小になるように連続して部品の製造を順序づける割当て計画を求めよ．

表 6.26 部品 A を製造した後の段取り費

から＼へ	A	B	C	D	E	F
A		4	10	7	6	5
B	2		7	4	5	6
C	9	8		6	3	7
D	3	6	4		7	2
E	6	7	9	3		4
F	5	5	8	4	4	

2. ある半導体を製造するために，6個の素子を1回ずつつなぐ必要がある．6個所の素子の間の距離を**表 6.27** に示す．素子をつなぐ総距離が最小になるように連続して6個の素子 A～F をつなぐ順序を求めよ．

表 6.27 半導体素子の間の距離

から＼へ	A	B	C	D	E	F
A		30	50	60	40	25
B	30		65	45	30	20
C	50	65		40	40	80
D	60	45	40		50	45
E	40	30	40	50		30
F	25	20	80	45	30	

第7章 順序づけ問題

7.1 目 的

順序づけ問題とは，n 種の仕事を m 台の機械で加工するとき，与えられた目的関数が最小になるように，各仕事を加工する機械の順序を決定する問題である．この問題をジョブショップスケジューリング問題（job shop scheduling problem）ともいう．ここでは，n 種の仕事を 2 台の機械で加工する順序づけ問題のための解法を知る．

7.2 問題の定式化

順序づけ問題は，製造工場のうちの n 種の仕事 $J_1, \cdots, J_n$ と m 台の機械 $M_1, \cdots, M_m$ に対して，各仕事を加工する機械の順序と各仕事の各機械による処理時間が既知のときに，与えられた目的関数を最適になるように全仕事を全機械に割り当てる計画を決定する問題である．目的関数としては，総所要時間，最大納期遅れ，機械遊休時間，加工待ち時間，段取り費，などがある．この問題は，次のようないろいろな場面に適用できる．自動車修理の際に工場内の設備の利用順序，多数のプログラムを処理するためにコンピュータの CPU の利用順序，船が碇泊するために港の利用順序，患者の検査のために病院の検査機器の利用順序，学校で授業をするために特別教室の利用順序などを決定する問題に対応させることができる．

各仕事を加工する機械の順序を技術的順序という．各仕事の各機械による処理する時間を**加工時間**という．各仕事の各機械による処理のことを**作業**という．順序づけ問題は，n 種の仕事 $J_1, \cdots, J_n$ を m 台の機械 $M_1, \cdots, M_m$ に対して，技術的順序と加工時間とが与えられたときに，目的関数の値を最適になるように，各機械による仕事の順序を決め，各作業の開始時刻を決めることになる．

順序づけ問題（ジョブショップスケジューリング問題）の特殊な場合として，すべての仕事の技術的順序が同じである場合，フローショップスケジューリング問題（flow shop scheduling problem）という．機械が 1 台の場合，単一機械スケジューリング問題と呼ぶ．この場合，複数機械に比べて，遙かに解析が容易である．巡回セールス問題は単一機械スケジューリング問題に変換される．

このような順序づけ問題は，次のように定式化される．ある始業時間に n 種の仕事が加工を待っており，なるべく早く n 種の仕事を完成したい．これらの仕事 $J_i, i=1, 2, \cdots, n$ は，工程 1 から m までの，m 工程を経て完成され，各工程 k，$(k=1, 2, \cdots, m)$ における加工時間 p_{ik} が与えられている．x_{ik} で仕事 J_i の工程 k における加工開始時間を表す．$y_{ijk}=1$ で仕事 J_i が仕事 J_j より先に工程 k で加工されることを表し，$y_{ijk}=0$ で仕事 J_i が仕事 J_j より先に工程 k で加工されないことを表す．この制約を式(7.5)で表す．目的関数は，最終工程の各仕事の完成時間 $(x_{in}+p_{in})$ の最大

値を最小にすることである．

仕事 J_i は工程順に加工されなければならないので，式 (7.1) が成立しなければならない．各工程 k は一度に 1 つの仕事しか加工できないので，式 (7.2)，(7.3) が成立しなければならない．ここで，M は充分大きな数とする．加工開始時間 x_{ij} は非負でなければならないので，式 (7.4) が成立しなければならない．

$$\text{工程順の加工制約} \quad x_{ik}+p_{ik} \leqq x_{ik+1}, \quad i=1,\cdots,n, \quad k=1,\cdots,m-1 \tag{7.1}$$

$$\text{唯一仕事の加工制約} \quad x_{ik}-x_{jk} \geqq p_{jk}-My_{ijk}, \quad i,j=1,\cdots,n, \quad i<j, \quad k=1,\cdots,m \tag{7.2}$$

$$\text{唯一仕事の加工制約} \quad x_{jk}-x_{ik} \geqq p_{ik}-M(1-y_{ijk}), \quad i,j=1,\cdots,n, \quad i<j, \quad k=1,\cdots,m \tag{7.3}$$

$$\text{非負制約} \quad x_{ik} \geqq 0, \quad i=1,\cdots,n, \quad k=1,\cdots,m \tag{7.4}$$

$$0,\ 1\text{制約} \quad y_{ijk}=\{0,1\}, \quad i,j=1,\cdots,n, \quad i<j, \quad k=1,\cdots,m \tag{7.5}$$

$$z \geqq x_{in}+p_{in}, \quad i=1,\cdots,n$$

の制約条件の下で，目的関数 z

$$\min \quad z=\max_i(x_{in}+p_{in}) \tag{7.6}$$

を最小とする x_{in} の値を求める問題となる．

7.3 問題の解法

7.3.1 $n \times 2$ 総所要時間最小問題

ある病院において，5 人の患者 A～E を検査するために機器が M_1, M_2 の 2 台必要であり，機器はこの順序で使われる．その検査時間を表 7.1 に示す．総所要時間が最小になるように連続して検査する順序計画を求めよ．Gantt チャートを描いて，総検査時間を求めよ．

表 7.1 機器の検査時間

患者＼機器	M_1	M_2
A	25	70
B	30	20
C	50	80
D	60	45
E	25	10

$n \times 2$ 総所要時間最小問題を解く Johnson の方法の手順を，表 7.1 の検査機器の処理時間を用いて，説明する．

(1) 検査時間の最小値の探索

機器 M_1, M_2 の検査時間の中から最小値 $T_{\min}$ を見つける．同じ値のものが 2 つ以上あれば，どれか 1 つに決める．

例の場合，表 7.1 の最小値は $T_{\min}=10$ で，患者 E の検査機器 M_2 である．

(2) 検査順序の決定

最小値 $T_{\min}$ が患者 i で機器 M_1 であれば，患者 i を最初に検査する．最小値 $T_{\min}$ が患者 i で機器 M_2 であれば，患者 i を最後に検査する．

例の場合，最小値は $T_{\min}=10$ で，患者 E の検査機器 M_2 であるので，患者 E を最後に検査する．**表7.2** の割合てのようになる．

(3) 割り当てた患者の行の削除

既に決定した患者 i の行を削除する．

例の場合，患者 E の行を削除して，**表7.3** のようになる．

表7.2　患者の検査順の割当て表

順序	1	2	3	4	5
患者					E

表7.3　患者 E の行を削除した機器の検査時間

機器 患者	M_1	M_2
A	25	70
B	30	20
C	50	80
D	60	45

(4) 残った患者について手順 (1)～(3) を行が無くなるまで繰り返す．

(1) 機器 M_1, M_2 の検査時間の中から最小値 $T_{\min}$ を見つける．例の場合，表7.3 の最小値は $T_{\min}=20$ で，患者 B の検査機器 M_2 である．

(2) 患者 B を最後から 2 番目に検査する．**表7.4** の割合てのようになる．

(3) 既に決定した患者 B の行を削除して，**表7.5** を得る．

表7.4　患者の検査順割当て表

順序	1	2	3	4	5
患者				B	E

表7.5　患者 B の行を削除した機器の検査時間

機器 患者	M_1	M_2
A	25	70
C	50	80
D	60	45

(1) 機器 M_1, M_2 の処理時間の中から最小値 $T_{\min}$ を見つけると，例の場合，表7.5 の最小値は $T_{\min}=25$ で，患者 A の検査機器 M_1 である．

(2) 患者 A を 1 番目に検査する．**表7.6** の割合てのようになる．

(3) 既に決定した患者 A の行を削除して，**表7.7** を得る．

表7.6　患者の検査順割当て表

順序	1	2	3	4	5
患者	A			B	E

表7.7　患者 A の行を削除した機器の検査時間

機器 患者	M_1	M_2
C	50	80
D	60	45

(1) 機器 M_1, M_2 の検査時間の中から最小値 $T_{\min}$ を見つけると，例の場合，表7.7 の最小値は $T_{\min}=45$ で，患者 D の検査機器 M_2 である．

(2) 患者 D を最後から 3 番目に検査する．**表7.8** の割合てのようになる．

(3) 既に決定した患者 D の行を削除して，**表7.9** を得る．

表7.8 患者の検査順割当て表

順序	1	2	3	4	5
患者	A		D	B	E

表7.9 患者Dの行を削除した機器の検査時間

患者＼機器	M_1	M_2
C	50	80

(5) 最終の患者割当て表の決定

残った1行に対応する患者を割当て表の空いた順序に割り当てる．この例では，患者Cを最初から2番目に検査する．**表7.10**の割合てのようになる．

すべての患者の検査順が決まったので，終了する．

(6) 経過時間のGanttチャートによる表現

表7.1の処理時間を用いて，各機器の経過時間をGanttチャートで表してみると，次の**図7.1**のようになる．これから，すべての検査が終了するのは，250経過時間後である．

表7.10 患者の検査順割当て表

順序	1	2	3	4	5
患者	A	C	D	B	E

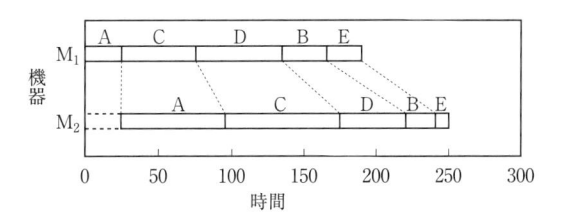

図7.1 各機器の経過時間

7.3.2 $n \times 3$ 総所要時間最小問題

製造工場において，5種の仕事$J_1, \cdots, J_5$を3台の機械M_1, M_2, M_3で処理する．各仕事を加工する機械の順序をM_1, M_2, M_3の順として，各仕事の各機械による処理が**表7.11**のように与えられた場合，総所要時間が最小になるように加工する順序計画を求める問題の解法を説明する．

$n \times 3$ 総所要時間最小問題の中で，次の条件が成立する場合，$n \times 2$総所要時間最小問題に帰着させて，7.3.1項に説明したJohnsonの方法で解くことができる．

$$\min_i t_{i1} \geqq \max_i t_{i2} \tag{7.7a}$$

または

$$\min_i t_{i3} \geqq \max_i t_{i2} \tag{7.7b}$$

ここで，t_{i1}, t_{i2}, t_{i3}はそれぞれ仕事J_iの機械M_1, M_2, M_3の処理時間である．

表7.11の場合，$i=1, \cdots, 5$について，t_{i1}の最小値は30，t_{i2}の最大値は60であるので，式(7.7a)が成り立たない．しかし，$i=1, \cdots, 5$について，t_{i3}の最小値は60，t_{i2}の最大値は60であるので，式(7.7b)の等号が成り立つ．

式(7.7)が満たされた場合，次の式を計算して，**表7.12**のように5種の仕事$J_1, \cdots, J_5$を2台の機械M_{12}, M_{23}の処理時間P_i, Q_iで処理する問題に変換できる．

$$\left.\begin{array}{l} P_i = t_{i1} + t_{i2} \\ Q_i = t_{i2} + t_{i3} \end{array}\right\} \tag{7.8}$$

表7.11 3台の機械の処理時間

機械 仕事	M_1	M_2	M_3
J_1	55	50	60
J_2	50	30	75
J_3	65	40	60
J_4	65	20	70
J_5	30	60	80

表7.12 2台の機械の処理時間

機械 仕事	M_{12}	M_{23}
J_1	105	110
J_2	80	105
J_3	105	100
J_4	85	90
J_5	90	140

7.3.1項に説明した手順に従って，表7.12の機械の処理時間について，加工する順序計画を求める方法を説明する．

(1) 処理時間の最小値の探索

表7.12の場合，機械M_{12}, M_{23}の処理時間の中で最小値は$T_{min}=80$で，仕事J_2の機械M_{12}である．

(2) 処理順序の決定

表7.12の場合，最小値は機械M_{12}の$T_{min}=80$であるので，仕事J_2を最初に処理する．表7.13の割合てのようになる．

(3) 既に割り当てた仕事J_2の行の削除

決定した仕事J_2の行を削除すると，表7.14を得る．

表7.13 仕事順割当て表

順序	1	2	3	4	5
仕事	J_2				

表7.14 仕事J_2の行を削除した機械の処理時間

機械 仕事	M_{12}	M_{23}
J_1	105	110
J_3	105	100
J_4	85	90
J_5	90	140

(1) 機械M_{12}, M_{23}の処理時間の中から最小値T_{min}を見つけると，表7.14の場合，最小値は$T_{min}=85$で，仕事J_4の機械M_{12}である．

(2) 仕事J_4を2番目に処理する．表7.15の割合てのようになる．

(3) 決定した仕事J_4の行を削除すると，表7.16を得る．

表7.15 仕事順割当て表

順序	1	2	3	4	5
仕事	J_2	J_4			

表7.16 行を削除した機械の処理時間

機械 仕事	M_{12}	M_{23}
J_1	105	110
J_3	105	100
J_5	90	140

(1) 機械M_{12}, M_{23}の処理時間の中から最小値T_{min}を見つけると，表7.16の場合，最小値は$T_{min}=90$で，仕事J_5の機械M_{12}である．

(2) 仕事J_5を3番目に処理する．表7.17の割当てのようになる．

(3) 決定した仕事 J_5 の行を削除すると，**表 7.18** を得る．

表 7.17 仕事順割当て表

順序	1	2	3	4	5
仕事	J_2	J_4	J_5		

表 7.18 行を削除した機械の処理時間

仕事＼機械	M_{12}	M_{23}
J_1	105	110
J_3	105	100

(1) 表 7.18 の場合，機械 M_{12}, M_{23} の処理時間の中の最小値は $T_{\min}=100$ で，仕事 J_3 の機械 M_{23} である．
(2) 仕事 J_3 を最後に処理する．**表 7.19** の割当てのようになる．
(3) 決定した仕事 J_3 の行を削除すると，**表 7.20** を得る．

表 7.19 仕事順割当て表

順序	1	2	3	4	5
仕事	J_2	J_4	J_5		J_3

表 7.20 行を削除した機械の処理時間

仕事＼機械	M_{12}	M_{23}
J_1	105	110

(5) 最終の仕事割当て表の決定

残りの行が1行の場合，それに対応する仕事を割当て表の空いた順序に割り当てる．仕事 J_1 を4番目に処理する．**表 7.21** の割当てのようになる．

すべての仕事の処理順が決まったので，終了する．

(6) 経過時間を Gantt チャートによる表現

表 7.11 の処理時間を用いて，各機械の経過時間を Gantt チャートで表してみると，次の**図 7.2** のようになる．これから，すべての処理が終了するのは，425 経過時間後である．

表 7.21 仕事順割当て表

順序	1	2	3	4	5
仕事	J_2	J_4	J_5	J_1	J_3

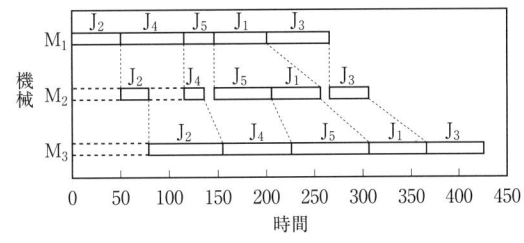

図 7.2 各機械の経過時間

7.4 演習

7.4.1 $n \times 2$ 総所要時間最小問題

製造工場の5種の仕事 $J_1, \cdots, J_5$ を2台の機械 M_1, M_2 で処理する．各仕事を加工する機械の順序を M_1, M_2 の順として，各仕事の各機械による処理時間が**表 7.22** のように与えられた場合，総所要時間が最小になるように製造する順序計画を求めよ．Gantt チャートを描いて，総処理時間を求めよ．

(1) 処理時間の最小値の探索

最小処理時間は（　）で，その仕事は（　）で，機械は（　）である．

表 7.22　機器の処理時間

仕事＼機械	M_1	M_2
J_1	40	70
J_2	50	30
J_3	70	40
J_4	70	20
J_5	30	60

(2) 処理順序の決定

　仕事（　）を（　）番目に割り当てると**表 7.23**を得る．

(3) 割り当てた仕事の行の削除

　仕事（　）の行を削除して，**表 7.24**を得る．

表 7.23　仕事順割当て表

順序	1	2	3	4	5
仕事					

表 7.24　行を削除した後の機械の処理時間

仕事＼機械	M_1	M_2

(1) 処理時間の最小値の探索

　表 7.24 の中で最小処理時間は（　）で，その仕事は（　）で，機械は（　）である．

(2) 処理順序の決定

　仕事（　）を（　）番目に割り当てると**表 7.25**を得る．

(3) 割り当てた仕事の行の削除

　仕事（　）の行を削除して**表 7.26**を得る．

表 7.25　仕事順割当て表

順序	1	2	3	4	5
仕事					

表 7.26　行を削除した後の機械の処理時間

仕事＼機械	M_1	M_2

(1) 処理時間の最小値の探索

　表 7.26 の中で最小処理時間は（　）で，その仕事は（　）で，機械は（　）である．

(2) 処理順序の決定

　仕事（　）を（　）番目に割り当てると**表 7.27**を得る．

(3) 割り当てた仕事の行の削除

　仕事（　）の行を削除して**表 7.28**を得る．

表 7.27 仕事順割当て表

順序	1	2	3	4	5
仕事					

表 7.28 行を削除した後の機械の処理時間

仕事＼機械	M_1	M_2

(1) 処理時間の最小値の探索

　表 7.28 の中で最小処理時間は（　）で，その仕事は（　）で，機械は（　）である．

(2) 処理順序の決定

　仕事（　）を（　）番目に割り当てると**表 7.29** を得る．

(3) 割り当てた仕事の行の削除

　仕事（　）の行を削除してを**表 7.30** を得る．

表 7.29 仕事順割当て表

順序	1	2	3	4	5
仕事					

表 7.30 行を削除した後の機械の処理時間

仕事＼機械	M_1	M_2

(5) 最終の仕事割当て表の決定

　残りの行が 1 行の場合，それに対応する仕事を割当て表の空いた順序に割り当てる．仕事（　）を（　）番目に処理する．その結果，**表 7.31** の割当てのようになる．

　すべての仕事の処理順が決まったので，終了する．

(6) 経過時間の Gantt チャートによる表現

　表 7.22 の処理時間を用いて，各機器の経過時間を Gantt チャートで表すと，次の**図 7.3** のようになる．これから，すべての処理が終了するのは，（　）経過時間後である．

表 7.31 仕事順割当て表

順序	1	2	3	4	5
仕事					

図 7.3 各機械の経過時間

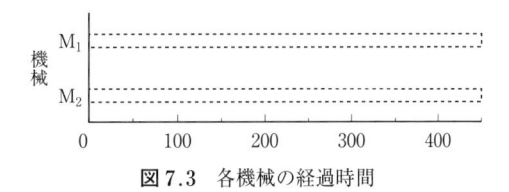

7.4.2 $n \times 3$ 総所要時間最小問題

　学校において，5 学級 $C_1, \cdots, C_5$ が 3 特別教室 R_1, R_2, R_3 で授業を実施する．各授業で教室を R_1, R_2, R_3 の順で利用するとして，各授業で各教室を利用する時間が**表 7.32** のように与えられた場合，総所要時間が最小になるように利用する順序計画を求めよ．Gantt チャートを描いて，総所要時間を求めよ．

　表 7.32 の場合，t_{i1} の最小値は（　），t_{i2} の最大値は（　）であるので，式 (7.7a) の等号が成り立つ．t_{i3} の最小値は（　），t_{i2} の最大値は（　）であるので，式 (7.7b) は成り立たない．

　式 (7.7) が満たされたので，次の式を計算して，**表 7.33** のように 5 学級 $C_1, \cdots, C_5$ が 2 教室 R_{12}, R_{23} で実施時間 P_i, Q_i で授業する問題に変換できる．

表 7.32 教室を利用する時間

学級＼教室	R_1	R_2	R_3
C_1	30	30	45
C_2	35	25	30
C_3	45	30	40
C_4	30	25	20
C_5	35	20	50

表 7.33 教室を利用する時間

学級＼教室	R_{12}	R_{23}
C_1		
C_2		
C_3		
C_4		
C_5		

$$\left.\begin{array}{l} P_i = t_{i1} + t_{i2} \\ Q_i = t_{i2} + t_{i3} \end{array}\right\} \tag{7.8}$$

7.3.1 項に説明した手順に従って，表 7.33 の教室の利用時間について，利用する順序計画は以下のように求められる．

(1) 利用時間の最小値の探索

　最小利用時間は（　）で，その学級は（　）で，教室は（　）である．

(2) 利用順序の決定

　したがって，学級（　）を（　）番目に割り当てる．その結果，表 7.34 が得られる．

(3) 割り当てた学級の行の削除

　学級（　）の行を削除して，表 7.35 を得る．

表 7.34 学級利用割当て表

順序	1	2	3	4	5
学級					

表 7.35 行を削除した後の学級の利用時間

学級＼教室	R_{12}	R_{23}

(1) 利用時間の最小値の探索

　表 7.35 の中で最小利用時間は（　）で，その学級は（　）で，教室は（　）である．

(2) 利用順序の決定

　したがって，学級（　）を（　）番目に割り当てる．その結果，表 7.36 が得られる．

(3) 割り当てた学級の行の削除

　学級（　）の行を削除して，表 7.37 を得る．

表 7.36 学級利用割当て表

順序	1	2	3	4	5
学級					

表 7.37 行を削除した後の学級の利用時間

学級＼教室	R_{12}	R_{23}

(1) 利用時間の最小値の探索

表 7.37 の中で最小利用時間は（　）で，その学級は（　）で，教室は（　）である．

(2) 利用順序の決定

したがって，学級（　）を（　）番目に割り当てる．その結果，表 7.38 が得られる．

(3) 割り当てた学級の行の削除

学級（　）の行を削除して，表 7.39 を得る．

表 7.38　学級利用割当て表

順序	1	2	3	4	5
学級					

表 7.39　行を削除した後の学級の利用時間

学級＼教室	R_{12}	R_{23}

(1) 利用時間の最小値の探索

表 7.39 の中で最小利用時間は（　）で，その学級は（　）で，教室は（　）である．

(2) 利用順序の決定

したがって，学級（　）を（　）番目に割り当てる．その結果，表 7.40 が得られる．

(3) 割り当てた学級の行の削除

学級（　）の行を削除して，表 7.41 を得る．

表 7.40　学級利用割当て表

順序	1	2	3	4	5
学級					

表 7.41　行を削除した後の学級の利用時間

学級＼教室	R_{12}	R_{23}

(5) 最終の学級割当て表の決定

残りの行が 1 行の場合，それに対応する学級を割当て表の空いた順序に割り当てる．学級（　）を（　）番目に処理する．表 7.42 の割当てのようになる．

すべての仕事の処理順が決まったので，終了する．

(6) 経過時間の Gantt チャートによる表現

表 7.32 の利用時間を用いて，各学級が利用する教室の利用時間を Gantt チャートで表すと，次の図 7.4 のようになる．これから，すべての学級の利用が終了するのは，（　　）経過時間後である．

表 7.42　学級利用割当て表

順序	1	2	3	4	5
学級					

図 7.4　各学級の教室利用の経過時間

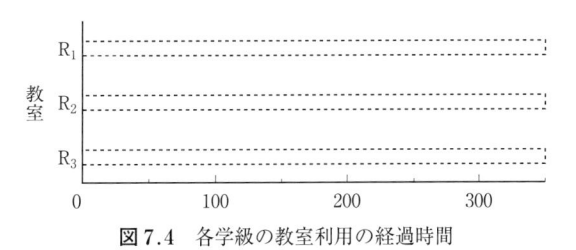

7.5 課題

1. 自動車修理工場の 6 種の自動車修理作業 $J_1, \cdots, J_6$ を 2 台の機械 M_1, M_2 で処理する．各自動車を修理する機械の順序を M_1, M_2 の順として，各作業の各機械による処理時間が**表 7.43** のように与えられた場合，総所要時間が最小になるように修理する順序計画を求めよ．Gantt チャートを描いて，終了する時間を求めよ．

表 7.43 自動車の修理時間

機械＼作業	M_1	M_2
J_1	20	70
J_2	50	40
J_3	60	35
J_4	70	20
J_5	40	60
J_6	30	50

2. 5 艘の船 $S_1, \cdots, S_5$ の積み荷を 2 個所の港でこの順に荷物を降ろす．その処理時間をそれぞれ P_1, P_3 とする．2 個所の港の移動時間を P_2 とする．荷物を降ろす時間が**表 7.44** のように与えられた場合，総所要時間が最小になるように荷物を降ろす順序計画を求めよ．Gantt チャートを描いて，総所要時間を求めよ．

表 7.44 荷物を降ろす時間と移動時間

機械＼作業	P_1	P_2	P_3
S_1	55	20	50
S_2	50	25	35
S_3	60	30	40
S_4	40	10	30
S_5	35	15	60

第8章 最短経路問題

8.1 目　　的

　ある場所から他の場所へ物を輸送する場合に，最短距離（または最小時間，最小費用）となるような輸送経路を選ぶ必要が生じる．最短経路問題は，道探しのパズルとして昔からよく研究されている．グラフによる方法，距離行列による方法などが解法としてあるが，ここでは，距離行列による方法で最短経路を求める方法を知る．

8.2　問題の定義

　ネットワークとは，ノード（節点）とアーク（辺）に関して，出発点と到着点となる**ノード**が示されていて，方向を持った各**アーク**に対して特性値が定義されている有向グラフの総称である．最短距離問題（shortest path problem）は，このようなアーク特性値に関する何らかの目的関数を設定して，この目的関数を最適にする経路を求める問題である．ここで，**有向グラフ**とは，グラフのすべての辺に方向を持たせたグラフである．たとえば，一方通行を含む道路網では，交差点と道路をグラフの節点と辺に対応させて，一方通行を有向辺で，相互交通の道路を互いに逆向きの並列の有向辺で表す．**無向グラフ**とは，グラフのすべての辺に方向がないグラフである．

　ネットワークにおけるアーク特性値として，長さと太さを考える場合に大別できる．長さとして，距離，時間，費用などがある．太さとして，容量などがある．長さを目的関数に設定する問題は，輸送距離や時間の短縮などに適用できる最短距離問題，工程スケジューリング，プロジェクト管理などに適用できる最長距離問題がある．容量を目的関数に設定する問題は，道路網，電力輸送網，輸送計画などに適用できる最大流れ問題がある．

　青果物などの生鮮食料品の輸送に当たっては，輸送時間を可能な限り短縮して，鮮度の保持を図る必要がある．生鮮食料品に限らず，輸送時間の短縮は輸送費の低価格化に貢献できる．このように，最短経路問題は物流経済にとって，非常に重要な問題である．

　最短距離問題の解法として，ダンツィッヒの方法，逐次近似法，行列和法などがある．最大流れ問題は最大流れ最小カットの定理を用いて解く．

　最短距離問題を距離行列によって解く方法によれば，すべての点の組合せ (i, j) について，その間の最短距離が一度に求められる．しかし，その経路がどのような道順になるかは直接にはわからないので，変化した要素からその経路を知る．

　一般に，n 個の地点 $T_1, T_2, \cdots, T_n$ とそれらの間を結ぶいくつかの路からなるネットワークがあって，T_i から T_j に直接向かう路の距離 d_{ij} が与えられているものとする．T_i から T_j に直接向かう路がないときは，$d_{ij}=\infty$ とする．また，一般に，$d_{ii}=0$ とする．グラフが無向グラフの場合，

$d_{ij}=d_{ji}$ であるが,有向グラフの場合には必ずしも $d_{ij}=d_{ji}$ ではない.

T_i から T_j に至る路で,途中で $T_{k+1}, T_{k+2}, \cdots, T_n$ を通らないものの中で最短距離を $d_{ij}^{(k)}$ とすると,次の関係式が成り立つ.

$$\left.\begin{array}{l} d_{ij}^{(0)}=d_{ij} \\ d_{ij}^{(k)}=\min\{d_{ij}^{(k-1)}, d_{ik}^{(k-1)}+d_{kj}^{(k-1)}\}, \quad k=1, 2, \cdots, n \end{array}\right\} \tag{8.1}$$

ここで,$d_{ij}^{(k)}$ は,T_i から T_j に至る路で,k 個以下の路で結ばれた経路の中の最短距離を示す.したがって,$(d_{ij}^{(0)})=(d_{ij})$ から出発して,順々に $(d_{ij}^{(1)})$,$(d_{ij}^{(2)})$,…を求めていけば,$(d_{ij}^{(n)})$ までが求められる.$d_{ij}^{(n)}$ は,T_i から T_j に至るすべての経路の中での最短距離である.

$(d_{ij}^{(n)})$ が求められた後で,T_i から T_j に至る最短距離を求めるには次のようにすればよい.

① $d_{ij}^{(n)}=d_{ij}$ ならば,T_i から T_j に直接向かう経路が最短経路である.

② $d_{ij}^{(n)}=d_{ik}+d_{kj}^{(n)}$ ($k \neq i, j$) ならば,T_i からまず T_k に向かって,その後 T_k から T_j に至る最短経路をとるのが T_i から T_j への最短経路である.この②の場合は,k を新たに i とおいて,以上の操作を繰り返せばよい.

8.3 問題の解法

交差点をグラフのノード(節点)とし,道路をグラフのアーク(辺)に対応させる.次の**図 8.1**に示す道路網について,距離行列を用いて,出発点 A と到着点 E の 2 点間の最短距離を求める方法を説明する.

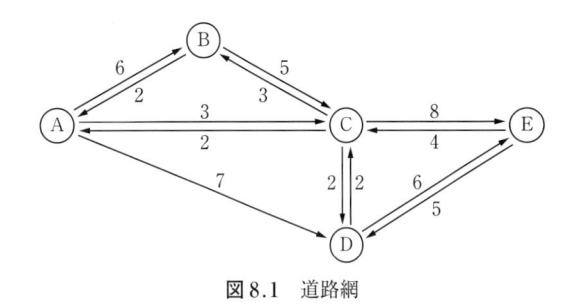

図 8.1 道路網

表 8.1 都市間の距離行列

都市＼都市	A	B	C	D	E
A	0	6	3	7	∞
B	2	0	5	∞	∞
C	2	3	0	2	8
D	∞	∞	2	0	6
E	∞	∞	4	5	0

(1) 都市間の距離行列の作成

都市 i から都市 j に直接到着するのに必要な距離行列 $D=(d_{ij})$ を**表 8.1**に示すように作成する.同じ都市間の距離は 0 であるので,対角要素はすべて 0 である.2 都市間が一方通行である場合,経路がない方向の距離を ∞ とする.

(2) 初期値の設定

まず,出発点 A から他の地点 $j(=1, 2, \cdots, 5)$ への最小距離を求めるために,次のベクトル V_0 を作る.出発点 A から地点 A($i=1$) への所要距離を 0 とする.他の地点 B〜E($j=2, \cdots, 5$) への所要距離を ∞ とする.

$$V_0 = [v_{01}, v_{02}, v_{03}, v_{04}, v_{05}] = [0, \infty, \infty, \infty, \infty] \tag{8.2}$$

(3) 初期ベクトルの各要素と距離行列の各列の要素との和の最小値を求める.

次の式によって,最短距離ベクトルの j 番目の要素 v_{1j} を求める.

$$v_{1j} = \min \{v_{01} + d_{1j}, v_{02} + d_{2j}, v_{03} + d_{3j}, v_{04} + d_{4j}, v_{05} + d_{5j}\}$$
$$= \min_i \{v_{0i} + d_{ij}\} \tag{8.3}$$

この v_{1j} は，都市 A から都市 j まで，2本以下のアークで結ばれる経路の中で最短距離を示している．

初期ベクトルの各要素と距離行列の第1列の要素とを加えて，その中の最小値を最短距離ベクトル V の最初の要素 v_{11} とする．

$$v_{11} = \min \{0+0, \infty+2, \infty+2, \infty+\infty, \infty+\infty\} = 0$$

同様に，初期ベクトルの各要素と距離行列の第2,3,4,5列の要素とを加えて，その中の最小値を最短距離ベクトル V_1 の2,3,4,5番目の要素 $v_{12}, v_{13}, v_{14}, v_{15}$ とする．

$$\left.\begin{aligned}
v_{12} &= \min \{0+6, \infty+0, \infty+3, \infty+\infty, \infty+\infty\} = 6 \\
v_{13} &= \min \{0+3, \infty+5, \infty+0, \infty+2, \infty+4\} = 3 \\
v_{14} &= \min \{0+7, \infty+\infty, \infty+2, \infty+0, \infty+5\} = 7 \\
v_{15} &= \min \{0+\infty, \infty+\infty, \infty+8, \infty+6, \infty+0\} = \infty
\end{aligned}\right\} \tag{8.4}$$

これから都市 A から都市 1〜5 までの，2本以下のアークで結ばれる経路の中の最短距離ベクトルは次の V_1 で表される．

$$V_1 = [0, 6, 3, 7, \infty] \tag{8.5}$$

(4) 手順 (3) と同様に，都市 A から都市 j まで，3本以下のアークで結ばれる経路の中での最短距離を式(8.6)によって求める．

$$v_{2j} = \min \{v_{11} + d_{1j}, v_{12} + d_{2j}, v_{13} + d_{3j}, v_{14} + d_{4j}, v_{15} + d_{5j}\}, \quad j = 1, \cdots, 5 \tag{8.6}$$

具体的に求めると次のようになる．

$$\left.\begin{aligned}
v_{21} &= \min \{0+0, 6+2, 3+2, 7+\infty, \infty+\infty\} = 0 \\
v_{22} &= \min \{0+6, 6+0, 3+3, 7+\infty, \infty+\infty\} = 6 \\
v_{23} &= \min \{0+3, 6+5, 3+0, 7+2, \infty+4\} = 3 \\
v_{24} &= \min \{0+7, 6+\infty, 3+2, 7+0, \infty+5\} = 5 \\
v_{25} &= \min \{0+\infty, 6+\infty, 3+8, 7+6, \infty+0\} = 11
\end{aligned}\right\} \tag{8.7}$$

$$V_2 = [0, 6, 3, 5, 11] \tag{8.8}$$

(5) 同様に，都市 A から都市 j まで，4本以下のアークで結ばれる経路の中での最短距離を求める．

$$v_{3j} = \min \{v_{21} + d_{1j}, v_{22} + d_{2j}, v_{23} + d_{3j}, v_{24} + d_{4j}, v_{25} + d_{5j}\}, \quad j = 1, \cdots, 5 \tag{8.9}$$

$$\left.\begin{aligned}
v_{31} &= \min \{0+0, 6+2, 3+2, 5+\infty, 11+\infty\} = 0 \\
v_{32} &= \min \{0+6, 6+0, 3+3, 5+\infty, 11+\infty\} = 6 \\
v_{33} &= \min \{0+3, 6+5, 3+0, 5+2, 11+4\} = 3 \\
v_{34} &= \min \{0+7, 6+\infty, 3+2, 5+0, 11+5\} = 5 \\
v_{35} &= \min \{0+\infty, 6+\infty, 3+8, 5+6, 11+0\} = 11
\end{aligned}\right\}$$

$$V_3 = [0, 6, 3, 5, 11] \tag{8.10}$$

(6) 同様に，都市 A から都市 i まで，5本以下のアークで結ばれる経路の中での最短距離を求める．

$$v_{4j} = \min\{v_{31}+d_{1j}, v_{32}+d_{2j}, v_{33}+d_{3j}, v_{34}+d_{4j}, v_{35}+d_{5j}\}, \quad j=1,\cdots,5 \tag{8.11}$$

$$\left.\begin{array}{l} v_{41} = \min\{0+0, 6+2, 3+2, 5+\infty, 11+\infty\} = 0 \\ v_{42} = \min\{0+6, 6+0, 3+3, 5+\infty, 11+\infty\} = 6 \\ v_{43} = \min\{0+3, 6+5, 3+0, 5+2, 11+4\} = 3 \\ v_{44} = \min\{0+7, 6+\infty, 3+2, 5+0, 11+5\} = 5 \\ v_{45} = \min\{0+\infty, 6+\infty, 3+8, 5+6, 11+0\} = 11 \end{array}\right\}$$

$$V_4 = [0, 6, 3, 5, 11] \tag{8.12}$$

ここで，式 (8.8)，(8.10)，(8.12) の値はすべて同じである．このように式 (8.10) が求まった段階で，$V_k = V_{k+1}$ であることが判明した場合，収束したことになり，計算をそれ以降する必要がない．

(7) 次に，最短経路を求める．経路ベクトルを $R = (r_{ij})$ として，出発点の要素に * を付け，∞ の要素に・を付ける．最短距離ベクトルを書き並べると次のようである．

最短距離ベクトルの値が変化した要素 j に着目する．変化した要素 j に対応する経路ベクトルの要素に，v_{ij} が最小であった要素が k 番目であれば，$r_{ij} = k$ とする．これは，経路 (i, j) において，j の直前の要素が k であることを意味する．

$$V_0 = [0, \infty, \infty, \infty, \infty] \tag{8.2}$$
$$V_1 = [0, 6, 3, 7, \infty] \tag{8.5}$$
$$V_2 = [0, 6, 3, 5, 11] \tag{8.8}$$
$$V_3 = [0, 6, 3, 5, 11] \tag{8.10}$$
$$V_4 = [0, 6, 3, 5, 11] \tag{8.12}$$

いまの例では，V_0 から V_1 を求める際に，3 個所 v_{12}, v_{13}, v_{14} が変化した．式 (8.4) の v_{12} を求める際に，最小である要素は 1 番目であるので，$r_{12} = 1$ とする．v_{13}, v_{14} において，最小である要素も 1 番目であるので，$r_{13} = 1$, $r_{14} = 1$ とする．

$$V_0 = [0, \infty, \infty, \infty, \infty] \tag{8.13}$$
$$V_1 = [0, 6, 3, 7, \infty] \qquad R_1 = [* \ 1 \ 1 \ 1 \ \cdot] \tag{8.14}$$

(8) 次に，V_1 から V_2 を求める際に，2 個所 v_{24}, v_{25} が変化した．式 (8.7) の v_{24} を求める際に，最小である要素は 3 番目であるので，$r_{24} = 3$ とする．v_{25} において，最小である要素も 3 番目であるので，$r_{35} = 3$ とする．

$$V_2 = [0, 6, 3, 5, 11] \qquad R_2 = [* \ 1 \ 1 \ 3 \ 3] \tag{8.15}$$

たとえば，最終的に求まった経路ベクトル R_2 の 4 番目の要素 $r_{24} = 3$ は，出発点 A から，$j = 4$ 番目の都市 D への最短距離の経路において，都市 D の直前の都市は $j = 3$ 番目の都市 C であることを意味している．これから，出発点 A から他の都市 $j = 2 \sim 5$ への最短距離の経路は，次のようになる．表 8.1 を用いて最短距離を求める．

	経路	最短距離
都市 B への最短距離の経路	A → B	6
都市 C への最短距離の経路	A → C	3
都市 D への最短距離の経路	A → C → D	3+2 = 5
都市 E への最短距離の経路	A → C → E	3+8 = 11

(9) 他の出発点から他の都市への最小距離を求めるためには，初期ベクトル V_0 の出発点に対応する要素を 0 として，これまで説明した手順を行えばよい．

また，すべての都市を出発点として，そこから他の都市への最小距離を求めるためには，最初の与えられた距離行列 D について，式(8.3)のような積計算をすればよい．D^2 で 2 本以下のアークで結ばれる経路の中での最短距離が求まり，D^n で n 本以下のアークで結ばれる経路の中での最短距離が求まる．

8.4 演 習

次の図 8.2 に示す道路網について，距離行列を作れ．その距離行列によって，出発点 A と他の都市の 2 点間の最短距離と最短経路を求めよ．

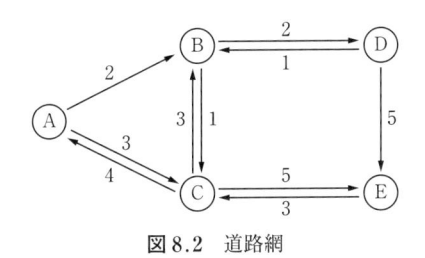

図 8.2 道路網

表 8.2 都市間の距離行列

都市＼都市	A	B	C	D	E
A	0				
B		0			
C			0		
D				0	
E					0

(1) 都市間の距離行列の作成

図 8.2 の矢印の方向を見て，表 8.2 に距離を記入する．

(2) 初期値の設定

$V_0 = [v_{01}, v_{02}, v_{03}, v_{04}, v_{05}] = [(\ \ ), (\ \ ), (\ \ ), (\ \ ), (\ \ )]$

(3) 式(8.3)を用いて，初期ベクトルの各要素と距離行列の各列の要素との和の最小値を求める．

$v_{11} = \min[(\ \ )+(\ \ ), (\ \ )+(\ \ ), (\ \ )+(\ \ ), (\ \ )+(\ \ ), (\ \ )+(\ \ )] = (\ \ )$

$v_{12} = \min[(\ \ )+(\ \ ), (\ \ )+(\ \ ), (\ \ )+(\ \ ), (\ \ )+(\ \ ), (\ \ )+(\ \ )] = (\ \ )$

$v_{13} = \min[(\ \ )+(\ \ ), (\ \ )+(\ \ ), (\ \ )+(\ \ ), (\ \ )+(\ \ ), (\ \ )+(\ \ )] = (\ \ )$

$v_{14} = \min[(\ \ )+(\ \ ), (\ \ )+(\ \ ), (\ \ )+(\ \ ), (\ \ )+(\ \ ), (\ \ )+(\ \ )] = (\ \ )$

$v_{15} = \min[(\ \ )+(\ \ ), (\ \ )+(\ \ ), (\ \ )+(\ \ ), (\ \ )+(\ \ ), (\ \ )+(\ \ )] = (\ \ )$

最短距離ベクトル V_1

$V_1 = [v_{11}, v_{12}, v_{13}, v_{14}, v_{15}] = [(\ \ ), (\ \ ), (\ \ ), (\ \ ), (\ \ )]$

(4) 式(8.6)を用いて，都市 A から都市 i まで，3 本以下のアークで結ばれる経路の中で最短距離を求める．

$v_{21} = \min[(\ \ )+(\ \ ), (\ \ )+(\ \ ), (\ \ )+(\ \ ), (\ \ )+(\ \ ), (\ \ )+(\ \ )] = (\ \ )$

$v_{22} = \min[(\ \ )+(\ \ ), (\ \ )+(\ \ ), (\ \ )+(\ \ ), (\ \ )+(\ \ ), (\ \ )+(\ \ )] = (\ \ )$

$v_{23} = \min[(\ \ )+(\ \ ), (\ \ )+(\ \ ), (\ \ )+(\ \ ), (\ \ )+(\ \ ), (\ \ )+(\ \ )] = (\ \ )$

$v_{24} = \min[(\ \ )+(\ \ ), (\ \ )+(\ \ ), (\ \ )+(\ \ ), (\ \ )+(\ \ ), (\ \ )+(\ \ )] = (\ \ )$

$v_{25} = \min[(\ \ )+(\ \ ), (\ \ )+(\ \ ), (\ \ )+(\ \ ), (\ \ )+(\ \ ), (\ \ )+(\ \ )] = (\ \ )$

最短距離ベクトル V_2

80　第 8 章　最短経路問題

$V_2=[v_{21}, v_{22}, v_{23}, v_{24}, v_{25}]=[(\quad),(\quad),(\quad),(\quad),(\quad)]$

(5) 式(8.9) を用いて，都市 A から都市 i まで，4 本以下のアークで結ばれる経路の中での最短距離を求める．

$v_{31}=\min[(\ )+(\ ),(\ )+(\ ),(\ )+(\ ),(\ )+(\ ),(\ )+(\ )]=(\ )$
$v_{32}=\min[(\ )+(\ ),(\ )+(\ ),(\ )+(\ ),(\ )+(\ ),(\ )+(\ )]=(\ )$
$v_{33}=\min[(\ )+(\ ),(\ )+(\ ),(\ )+(\ ),(\ )+(\ ),(\ )+(\ )]=(\ )$
$v_{34}=\min[(\ )+(\ ),(\ )+(\ ),(\ )+(\ ),(\ )+(\ ),(\ )+(\ )]=(\ )$
$v_{35}=\min[(\ )+(\ ),(\ )+(\ ),(\ )+(\ ),(\ )+(\ ),(\ )+(\ )]=(\ )$

最短距離ベクトル V_3

$V_3=[v_{31}, v_{32}, v_{33}, v_{34}, v_{35}]=[(\quad),(\quad),(\quad),(\quad),(\quad)]$

(6) 式(8.11) を用いて，都市 A から都市 i まで，5 本以下のアークで結ばれる経路の中での最短距離を求める．

$v_{41}=\min[(\ )+(\ ),(\ )+(\ ),(\ )+(\ ),(\ )+(\ ),(\ )+(\ )]=(\ )$
$v_{42}=\min[(\ )+(\ ),(\ )+(\ ),(\ )+(\ ),(\ )+(\ ),(\ )+(\ )]=(\ )$
$v_{43}=\min[(\ )+(\ ),(\ )+(\ ),(\ )+(\ ),(\ )+(\ ),(\ )+(\ )]=(\ )$
$v_{44}=\min[(\ )+(\ ),(\ )+(\ ),(\ )+(\ ),(\ )+(\ ),(\ )+(\ )]=(\ )$
$v_{45}=\min[(\ )+(\ ),(\ )+(\ ),(\ )+(\ ),(\ )+(\ ),(\ )+(\ )]=(\ )$

最短距離ベクトル V_4

$V_4=[v_{41}, v_{42}, v_{43}, v_{44}, v_{45}]=[(\quad),(\quad),(\quad),(\quad),(\quad)]$

(7) 最短距離ベクトルの変化した要素が得られた列番号から，経路ベクトルを求める．

　　　最短距離ベクトル　　　　　　　　　　　経路ベクトル

$V_0=[(\quad),(\quad),(\quad),(\quad),(\quad)]$

$V_1=[(\quad),(\quad),(\quad),(\quad),(\quad)]$　　$R_1=[(\ ),(\ ),(\ ),(\ ),(\ )]$

$V_2=[(\quad),(\quad),(\quad),(\quad),(\quad)]$　　$R_2=[(\ ),(\ ),(\ ),(\ ),(\ )]$

$V_3=[(\quad),(\quad),(\quad),(\quad),(\quad)]$　　$R_3=[(\ ),(\ ),(\ ),(\ ),(\ )]$

$V_4=[(\quad),(\quad),(\quad),(\quad),(\quad)]$　　$R_4=[(\ ),(\ ),(\ ),(\ ),(\ )]$

(8) 上の経路ベクトルから都市 A からの最短経路を求める．表 8.2 を用いて，最短距離を求める．

　　　　　　　　　　　　　経路　　　　　　　　最短距離

都市 B への最短距離の経路　A → (　)　　　　　　(　)

都市 C への最短距離の経路　A → (　)　　　　　　(　)

都市 D への最短距離の経路　A → (　) → (　)　　(　)+(　)=(　)

都市 E への最短距離の経路　A → (　) → (　)　　(　)+(　)=(　)

8.5 課 題

1. 次の**図 8.3** に示す道路網の経路に費用を示す．これについて，費用行列を作れ．その費用行列によって，出発点 A と他の地点との 2 点間の最小費用と最小経路を求めよ．

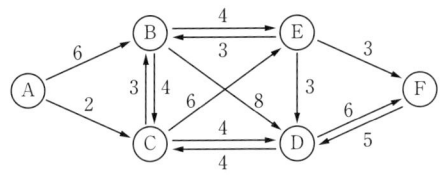

図 8.3 道路網

2. 次の**図 8.4** に示す道路網の経路に所要時間を示す．これについて，所要時間行列を作れ．その所要時間行列によって，出発点 A と他の地点との 2 点間の最短時間とその経路を求めよ．

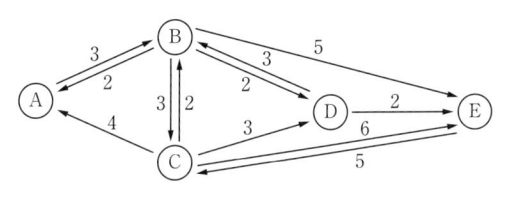

図 8.4 道路網

第9章 日程管理計画問題

9.1 目 的

ORの1つの分野にスケジューリングがある．PERT（program evaluation and review technique）は，プロジェクト型の仕事に対するスケジューリングの有効な方法としてよく使われている．その目的は，仕事の順序関係を矢印をもとに図で表示し，その上で日程を計画し，仕事全体の日程に対して隘路（**クリティカルパス**）になっている作業を見つけ出し，それをもとにして仕事の日程の改善を計る点にある．ここでは，日程の改善に必要な時間の計算をし，クリティカルパスを求め，仕事の日程の改善を計る方法を知る．

9.2 問題の定義

PERT というと普通，日程計画を指す．しかし，日程だけでなく，費用を含めた作業計画をいうこともある．この2つを区別して，前者を PERT/TIME，後者を PERT/COST と呼ぶ．ここでは，PERT/TIME について説明する．

対象としているプロジェクトの作業の所要日数が**表9.1**のように与えられたとき，この表に基づいて，**図9.1**に示すようなアロー・ダイアグラムを描けば，プロジェクト全体がわかりやすくなる．PERT では，対象になっているプロジェクトを**アロー・ダイアグラム**（arrow diagram，矢線図）と呼ばれるネットワークで図示する．この図では作業 A, B, …, H を矢印で表す．作業順序をもとに丸印の結合点（node）で，それらを連結している．その規則は，次のとおりである．

(1) 直接前後の関係のある2つの作業を直列につなぐ．
(2) 前後関係のない作業を並列におく．

表9.1 作業の所要日数

作業記号	作業 (i,j)	所要日数 D_{ij}
A	1, 2	3
B	1, 3	5
C	2, 4	2
D	3, 4	4
E	3, 5	1
F	4, 6	4
G	4, 5	3
H	5, 6	2

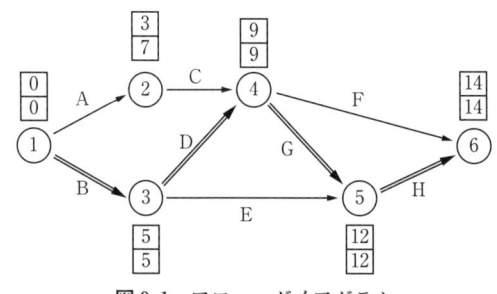

図9.1 アロー・ダイアグラム

たとえば，作業 A に続いて，作業 C が行われる．作業 A, B は並列して行われる仕事である．結合点 4 では，C, D が集まっているが，この点に続いている作業 F, G はこの 2 つの作業が全部終了しなければ開始できない．アロー・ダイアグラムはこのように実際の作業が持つ順序関係を過不足なく図示したものである．なお，結合点の番号は，1 から始まる連続整数を矢線の方向に大きくなるように付ける．

各作業の所要日数をアロー・ダイアグラムに記入する．作業を一般に 2 つの結合点 i, j の対で作業 (i, j) のように表し，その作業の**所要日数**を記号 D_{ij} で表す．最初の結合点 1 と結合点 j を結ぶ矢線の順方向の作業順のうち最も遠い長さを結合点 j の**最早結合点時刻**（earliest node time）といい，記号 ET_i で表す．$ET_i (i=1, 2, \cdots, n)$ は次のように計算される．ここで，結合点の数を n とする．

$$
\left.
\begin{aligned}
ET_1 &= 0 \\
ET_i &= \max_k (ET_k + D_{ki}), \quad k=1, 2, \cdots, n-1
\end{aligned}
\right\}
\tag{9.1}
$$

図 9.1 の各結合点に付けた二段の箱の上の数が，ET_i の値である．この値からこの仕事を全部完了するまでに 14 日間要することがわかる．実際の意味として，ET_i は結合点 i に達しうる最も早い時刻である．

次に，最終結合点 n と結合点 i を結ぶ最も長い作業順の長さを ET_n から引いた値を結合点 i の**最遅結合点時刻**（latest node time）といい，記号 LT_i で表す．$LT_i (i=1, 2, \cdots, n)$ は，次のように計算される．

$$
\left.
\begin{aligned}
LT_n &= ET_n \\
LT_i &= \min_j (LT_j - D_{ij}), \quad j=1, 2, \cdots, n
\end{aligned}
\right\}
\tag{9.2}
$$

図 9.1 の各結合点に付けた二段の箱の下の数が，この LT_i の値である．LT_i は工期 ET_n を守るために遅くとも結合点 i に達していなければならない時刻である．

ET_i, LT_i をもとに作業 (i, j) のスケジュールに必要な値，**最早開始時刻** ES_{ij}，**最早終了時刻** EF_{ij}，**最遅開始時刻** LS_{ij}，**最遅終了時刻** LF_{ij} は次のように決められる．

$$
\left.
\begin{aligned}
ES_{ij} &= ET_i \\
EF_{ij} &= ET_i + D_{ij} \quad i=1, 2, \cdots, n; j=1, 2, \cdots, n \\
LS_{ij} &= LT_j - D_{ij} \\
LF_{ij} &= LT_j
\end{aligned}
\right\}
\tag{9.3}
$$

ES_{ij} は作業 (i, j) が最も早く始められる時刻である．EF_{ij} は作業 (i, j) が最も早く終了できる時刻である．LS_{ij} は作業 (i, j) を遅くとも始めなければならない時刻である．LF_{ij} は作業 (i, j) を遅くとも終了しなければならない時刻である．ES_{ij}, EF_{ij} は作業の最も早いスケジュールであり，LS_{ij}, LF_{ij} は遅くとも守らねばならない限界のスケジュールを意味する．

結合点 i を時刻 ET_i で始め，結合点 j を時刻 LT_j で始めることを前提とした余裕期間を**全余裕時間** TF_{ij} と呼び，次のように計算される．

$$
TF_{ij} = LT_j - (ET_i + D_{ij}) = LT_j - EF_{ij}
\tag{9.4}
$$

この時間 TF_{ij} は，余裕時間の最大限界である．この限界を超えて作業が遅れる場合，その分だけ工期は遅れることになる．次に，結合点 i を時刻 ET_i で始め，j も時刻 ET_j で始めることを前提と

した余裕時間を，**自由余裕時間** FF_{ij} と呼び，次のように計算される．
$$FF_{ij} = ET_j - (ET_i + D_{ij}) = ET_j - EF_{ij} \tag{9.5}$$
この自由余裕時間 FF_{ij} 内ならば，後続作業の日程に影響を及ぼすことなく，その作業を自由に遅らすことができる．

また，$TF_{ij}=0$ である作業から構成される作業順を**クリティカルパス**（critical path）という．この作業順の長さが工期を決定し，日程上最も重要な作業系列である．一度計画を立てて，工期を早めたいということがある．この場合，クリティカルパス上の作業を縮める必要がある．所要時間を縮める場合，費用増加が最も少ない作業を短縮するのが得策である．終了時刻を早める方法を決定する手法に，**CPM**（critical path method）がある．CPM では所要時間と費用の関係が決められ，標準所要時間による費用と特急所要時間による費用が与えられた場合に，費用増加が最も少ないように作業の所要時間を決定する．

9.3　問題の解法

表 9.1 のような 8 つの作業から成り立っているプロジェクトがある．このプロジェクトについて，日程計画表を作成する手順を説明する．

(1) このプロジェクトについて，表 9.1 を基にして，左端に小さい番号のノードが並ぶように付番する．平行して行う作業は上下に並べる．図 9.1 に示すようなアロー・ダイアグラムを描く．アロー・ダイアグラムの結合点の上または下に二段の四角を描く．

(2) 最初の結合点 1 と結合点 i を結ぶ矢線の順方向の作業順に結合点 j の最早結合点時刻 ET_i $(i=1, 2, \cdots, 6)$ を式 (9.1) に従って計算する．その値を結合点の上の箱の上段に順次書く．

$ET_1 = 0$
$ET_2 = \max\{ET_1 + D_{12}\} = \max\{0+3\} = 3$
$ET_3 = \max\{ET_1 + D_{13}\} = \max\{0+5\} = 5$
$ET_4 = \max\{ET_2 + D_{24}, ET_3 + D_{34}\} = \max\{3+2, 5+4\} = 9$
$ET_5 = \max\{ET_3 + D_{35}, ET_4 + D_{45}\} = \max\{5+1, 9+3\} = 12$
$ET_6 = \max\{ET_4 + D_{46}, ET_5 + D_{56}\} = \max\{9+4, 12+2\} = 14$

(3) 最終結合点 n と結合点 i を結ぶ作業順に結合点 i の最遅結合点時刻 $LT_i (i=1, 2, \cdots, 6)$ を式 (9.2) に従って計算する．その値を結合点の箱の下の段に順次書く．

$LT_6 = ET_6 = 14$
$LT_5 = \min\{LT_6 - D_{56}\} = \min\{14-2\} = 12$
$LT_4 = \min\{LT_5 - D_{45}, LT_6 - D_{46}\} = \min\{12-3, 14-4\} = 9$
$LT_3 = \min\{LT_4 - D_{34}, LT_5 - D_{35}\} = \min\{9-4, 12-1\} = 5$
$LT_2 = \min\{LT_4 - D_{24}\} = \min\{9-2\} = 7$
$LT_1 = \min\{LT_2 - D_{12}, LT_3 - D_{13}\} = \min\{7-3, 5-5\} = 0$

(4) このプロジェクトについて，最早結合点時刻 ET_i を用いて，最早開始時刻 ES_{ij} を式 (9.3) に従って計算する．**表 9.2** の ES の列に求めた値を記入する．

$ES_{12} = ET_1 = 0$
$ES_{13} = ET_1 = 0$

$ES_{24}=ET_2=3$

$ES_{34}=ET_3=5$

$ES_{35}=ET_3=5$

$ES_{46}=ET_4=9$

$ES_{45}=ET_4=9$

$ES_{56}=ET_5=12$

(5) 最遅結合点時刻 ET_i と所要日数 D_{ij} を用いて，最早終了時刻 EF_{ij} を式(9.3)に従って計算する．表9.2の EF の列に求めた値を記入する．

$EF_{12}=ET_1+D_{12}=0+3=3$

$EF_{13}=ET_1+D_{13}=0+5=5$

$EF_{24}=ET_2+D_{24}=3+2=5$

$EF_{34}=ET_3+D_{34}=5+4=9$

$EF_{35}=ET_3+D_{35}=5+1=6$

$EF_{46}=ET_4+D_{46}=9+4=13$

$EF_{45}=ET_4+D_{45}=9+3=12$

$EF_{56}=ET_5+D_{56}=12+2=14$

(6) 最遅結合点時刻 LT_i と所要日数 D_{ij} を用いて，最遅開始時刻 LS_{ij} を式(9.3)に従って計算する．表9.2の LS の列に求めた値を記入する．

$LS_{12}=LT_2-D_{12}=7-3=4$

$LS_{13}=LT_3-D_{13}=5-5=0$

$LS_{24}=LT_4-D_{24}=9-2=7$

$LS_{34}=LT_4-D_{34}=9-4=5$

$LS_{35}=LT_5-D_{35}=12-1=11$

$LS_{46}=LT_6-D_{46}=14-4=10$

$LS_{45}=LT_5-D_{45}=12-3=9$

$LS_{56}=LT_6-D_{56}=14-2=12$

(7) 最遅結合点時刻 LT_i を用いて，最遅終了時刻 LF_{ij} を式(9.3)に従って計算する．表9.2の LF の列に求めた値を記入する．

$LF_{12}=LT_2=7$

$LF_{13}=LT_3=5$

$LF_{24}=LT_4=9$

$LF_{34}=LT_4=9$

$LF_{35}=LT_5=12$

$LF_{46}=LT_5=14$

$LF_{45}=LT_5=12$

$LF_{56}=LT_6=14$

(8) 最遅結合点時刻 LT_i と最早終了時刻 EF_{ij} を用いて，全余裕時間 TF_{ij} を式(9.4)に従って計

算する．表9.2のTFの列に求めた値を記入する．

$TF_{12}=LT_2-EF_{12}=7-3=4$

$TF_{13}=LT_3-EF_{13}=5-5=0$

$TF_{24}=LT_4-EF_{24}=9-5=4$

$TF_{34}=LT_4-EF_{34}=9-9=0$

$TF_{35}=LT_5-EF_{35}=12-6=6$

$TF_{46}=LT_6-EF_{46}=14-13=1$

$TF_{45}=LT_5-EF_{45}=12-12=0$

$TF_{56}=LT_6-EF_{56}=14-14=0$

(9) 最早結合点時刻 ET_j と最早終了時刻 EF_{ij} を用いて，自由余裕時間 FF_{ij} を式(9.5)に従って計算する．表9.2のFFの列に求めた値を記入する．

$FF_{12}=ET_2-EF_{12}=3-3=0$

$FF_{13}=ET_3-EF_{13}=5-5=0$

$FF_{24}=ET_4-EF_{24}=9-5=4$

$FF_{34}=ET_4-EF_{34}=9-9=0$

$FF_{35}=ET_5-EF_{35}=12-6=6$

$FF_{46}=ET_6-EF_{46}=14-13=1$

$FF_{45}=ET_5-EF_{45}=12-12=0$

$FF_{56}=ET_6-EF_{56}=14-14=0$

(10) $TF_{ij}=0$ である作業 (i,j) はクリティカルパスであるので，表9.2の右端に該当する作業の欄に*を記入する．

いまの例では，$TF_{13}=TF_{34}=TF_{45}=TF_{56}=0$ であるので，その右に*を記入する．

(11) 図9.1のアロー・ダイアグラムにおいて，クリティカルパスである作業の矢線を二重線にする．この場合，クリティカルパスは，作業 B→D→G→H という流れである．

表9.2 作業の日程計画表

| 作業記号 | 作業 (i,j) | 所要日数 D_{ij} | 最早 | | 最遅 | | 余裕 | | クリティカルパス |
			開始 ES	終了 EF	開始 LS	終了 LF	全 TF	自由 FF	CP
A	1,2	3	0	3	4	7	4	0	
B	1,3	5	0	5	0	5	0	0	*
C	2,4	2	3	5	7	9	4	4	
D	3,4	4	5	9	5	9	0	0	*
E	3,5	1	5	6	11	12	6	6	
F	4,6	4	9	13	10	14	1	1	
G	4,5	3	9	12	9	12	0	0	*
H	5,6	2	12	14	12	14	0	0	*

9.4 演 習

表9.3のような7つの作業から成り立っているプロジェクトがある．このプロジェクトについて，アロー・ダイアグラムを描け．ETとLTを求め，図9.2のノードの上の箱に記入せよ．その後，ES, EF, LS, LF, TF, FFを求めて，表9.4の日程計画表を作成せよ．クリティカルパスを求め，表9.4の右端に＊印を記入せよ．クリティカルパスをアロー・ダイアグラムに二重線で示せ．

表9.3 作業の所要日数

作業記号	作業 (i,j)	所要日数 D_{ij}
A	1, 2	2
B	2, 3	3
C	2, 4	1
D	3, 5	2
E	3, 6	1
F	4, 5	2
G	5, 6	3

図9.2 アロー・ダイアグラム

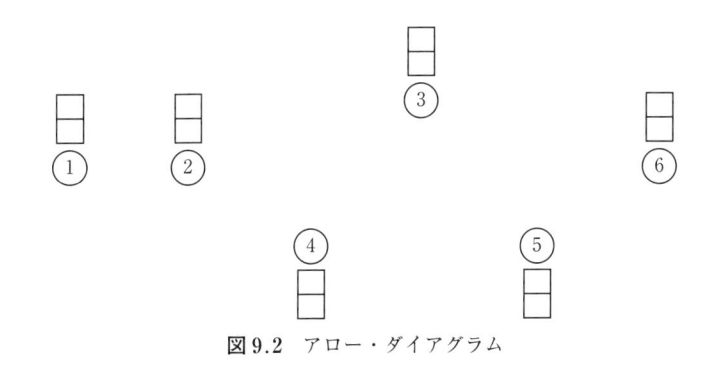

表9.4 作業の日程計画表

作業記号	作業 (i,j)	所要日数 D_{ij}	最早 開始 ES	最早 終了 EF	最遅 開始 LS	最遅 終了 LF	余裕 全 TF	余裕 自由 FF	クリティカルパス CP
A	1, 2	2							
B	2, 3	3							
C	2, 4	1							
D	3, 5	2							
E	3, 6	1							
F	4, 5	2							
G	5, 6	3							

（1）このプロジェクトについて，表9.3を基にして，左端に小さい番号のノードが並ぶように1～6を付番する．平行して行う作業は上下に並べる．図9.2にアロー・ダイアグラムを描く．アロー・ダイアグラムの結合点の上または下に二段の四角を描く．

（2）最初の結合点1と結合点iを結ぶ矢線の順方向の作業順に結合点iの最早結合点時刻ET_i ($i=1, 2, \cdots, 6$) を式(9.1)に従って計算する．その値を結合点の上の箱の上段に順次書く．

$ET_1 = (\quad)$

$ET_2 = \max\{ET_{(\ )} + D_{(\ )(\ )}\} = \max\{(\quad) + (\quad)\} = (\quad)$

$ET_3 = \max\{ET_{(\ )} + D_{(\ )(\ )}\} = \max\{(\quad) + (\quad)\} = (\quad)$

$ET_4 = \max\{ET_{(\ )} + D_{(\ )(\ )}\} = \max\{(\quad) + (\quad)\} = (\quad)$

$ET_5 = \max\{ET_{(\ )} + D_{(\ )(\ )}, ET_{(\ )} + D_{(\ )(\ )}\}$
$\quad = \max\{(\quad) + (\quad), (\quad) + (\quad)\} = (\quad)$

$ET_6 = \max\{ET_{(\ )} + D_{(\ )(\ )}, ET_{(\ )} + D_{(\ )(\ )}\}$
　　$= \max\{(\ \ ) + (\ \ ), (\ \ ) + (\ \ )\} = (\ \ )$

(3) 最終結合点 n と結合点 i を結ぶ作業順に結合点 i の最遅結合点時刻 $LT_i (i=1, 2, \cdots, 6)$ を式 (9.2) に従って計算する．その値を結合点の箱の下の段に順次書く．

$LT_6 = ET_6 = (\ \ )$
$LT_5 = \min\{LT_{(\ )} - D_{(\ )(\ )}\} = \min\{(\ \ ) - (\ \ )\} = (\ \ )$
$LT_4 = \min\{LT_{(\ )} - D_{(\ )(\ )}\} = \min\{(\ \ ) - (\ \ )\} = (\ \ )$
$LT_3 = \min\{LT_{(\ )} - D_{(\ )(\ )}, LT_{(\ )} - D_{(\ )(\ )}\}$
　　$= \min\{(\ \ ) - (\ \ ), (\ \ ) - (\ \ )\} = (\ \ )$
$LT_2 = \min\{LT_{(\ )} - D_{(\ )(\ )}, LT_{(\ )} - D_{(\ )(\ )}\}$
　　$= \min\{(\ \ ) - (\ \ ), (\ \ ) - (\ \ )\} = (\ \ )$
$LT_1 = \min\{LT_{(\ )} - D_{(\ )(\ )}\} = \min\{(\ \ ) - (\ \ )\} = (\ \ )$

(4) このプロジェクトについて，最早結合点時刻 ET_i を用いて，最早開始時刻 ES_{ij} を式(9.3) に従って計算する．表 9.4 の ES の列に求めた値を記入する．

$ES_{12} = ET_{(\ )} = (\ \ )$
$ES_{23} = ET_{(\ )} = (\ \ )$
$ES_{24} = ET_{(\ )} = (\ \ )$
$ES_{35} = ET_{(\ )} = (\ \ )$
$ES_{36} = ET_{(\ )} = (\ \ )$
$ES_{45} = ET_{(\ )} = (\ \ )$
$ES_{56} = ET_{(\ )} = (\ \ )$

(5) 最遅結合点時刻 ET_i と所要日数を用いて，最早終了時刻 EF_{ij} を式(9.3) に従って計算する．表 9.4 の EF の列に求めた値を記入する．

$EF_{12} = ET_{(\ )} + D_{(\ )(\ )} = (\ \ ) + (\ \ ) = (\ \ )$
$EF_{23} = ET_{(\ )} + D_{(\ )(\ )} = (\ \ ) + (\ \ ) = (\ \ )$
$EF_{24} = ET_{(\ )} + D_{(\ )(\ )} = (\ \ ) + (\ \ ) = (\ \ )$
$EF_{35} = ET_{(\ )} + D_{(\ )(\ )} = (\ \ ) + (\ \ ) = (\ \ )$
$EF_{36} = ET_{(\ )} + D_{(\ )(\ )} = (\ \ ) + (\ \ ) = (\ \ )$
$EF_{45} = ET_{(\ )} + D_{(\ )(\ )} = (\ \ ) + (\ \ ) = (\ \ )$
$EF_{56} = ET_{(\ )} + D_{(\ )(\ )} = (\ \ ) + (\ \ ) = (\ \ )$

(6) 最遅結合点時刻 LT_i と所要日数 D_{ij} を用いて，最遅開始時刻 LS_{ij} を式(9.3)に従って計算する．表 9.4 の LS の列に求めた値を記入する．

$LS_{12} = LT_{(\ )} - D_{(\ )(\ )} = (\ \ ) - (\ \ ) = (\ \ )$
$LS_{23} = LT_{(\ )} - D_{(\ )(\ )} = (\ \ ) - (\ \ ) = (\ \ )$
$LS_{24} = LT_{(\ )} - D_{(\ )(\ )} = (\ \ ) - (\ \ ) = (\ \ )$
$LS_{35} = LT_{(\ )} - D_{(\ )(\ )} = (\ \ ) - (\ \ ) = (\ \ )$
$LS_{36} = LT_{(\ )} - D_{(\ )(\ )} = (\ \ ) - (\ \ ) = (\ \ )$

$LS_{45}=LT_{(\ )}-D_{(\ )(\ )}=(\ )-(\ )=(\ )$

$LS_{56}=LT_{(\ )}-D_{(\ )(\ )}=(\ )-(\ )=(\ )$

(7) 最遅結合点時刻 LT_i を用いて，最遅終了時刻 LF_{ij} を式(9.3)に従って計算する．表9.4の LF の列に求めた値を記入する．

$LF_{12}=LT_{(\ )}=(\ )$

$LF_{23}=LT_{(\ )}=(\ )$

$LF_{24}=LT_{(\ )}=(\ )$

$LF_{35}=LT_{(\ )}=(\ )$

$LF_{36}=LT_{(\ )}=(\ )$

$LF_{45}=LT_{(\ )}=(\ )$

$LF_{56}=LT_{(\ )}=(\ )$

(8) 最遅結合点時刻 LT_i と最早終了時刻 EF_{ij} を用いて，全余裕時間 TF_{ij} を式(9.4)に従って計算する．表9.4の TF の列に求めた値を記入する．

$TF_{12}=LT_{(\ )}-EF_{(\ )(\ )}=(\ )-(\ )=(\ )$

$TF_{23}=LT_{(\ )}-EF_{(\ )(\ )}=(\ )-(\ )=(\ )$

$TF_{24}=LT_{(\ )}-EF_{(\ )(\ )}=(\ )-(\ )=(\ )$

$TF_{35}=LT_{(\ )}-EF_{(\ )(\ )}=(\ )-(\ )=(\ )$

$TF_{36}=LT_{(\ )}-EF_{(\ )(\ )}=(\ )-(\ )=(\ )$

$TF_{45}=LT_{(\ )}-EF_{(\ )(\ )}=(\ )-(\ )=(\ )$

$TF_{56}=LT_{(\ )}-EF_{(\ )(\ )}=(\ )-(\ )=(\ )$

(9) 最早結合点時刻 ET_j と最早終了時刻 EF_{ij} を用いて，自由余裕時間 FF_{ij} を式(9.5)に従って計算する．表9.4の FF の列に求めた値を記入する．

$FF_{12}=ET_{(\ )}-EF_{(\ )(\ )}=(\ )-(\ )=(\ )$

$FF_{23}=ET_{(\ )}-EF_{(\ )(\ )}=(\ )-(\ )=(\ )$

$FF_{24}=ET_{(\ )}-EF_{(\ )(\ )}=(\ )-(\ )=(\ )$

$FF_{35}=ET_{(\ )}-EF_{(\ )(\ )}=(\ )-(\ )=(\ )$

$FF_{36}=ET_{(\ )}-EF_{(\ )(\ )}=(\ )-(\ )=(\ )$

$FF_{45}=ET_{(\ )}-EF_{(\ )(\ )}=(\ )-(\ )=(\ )$

$FF_{56}=ET_{(\ )}-EF_{(\ )(\ )}=(\ )-(\ )=(\ )$

(10) $TF_{ij}=0$ である作業 (i,j) はクリティカルパスであるので，表9.4の右端に該当する作業の欄に＊を記入する．

いまの例では，$TF_{(\ )(\ )}=TF_{(\ )(\ )}=TF_{(\ )(\ )}=TF_{(\ )(\ )}=0$ であるので，その右に＊を記入する．

(11) この場合，クリティカルパスは，作業 (　) → (　) → (　) → (　) という流れである．図9.2のアロー・ダイアグラムの，クリティカルパスである作業の矢線を二重線にする．

9.5 課題

1. ある会社で注文した装置は新設計で，契約と同時に設計を始める．出荷までに要する作業を大分類したものと，それぞれの作業の前後関係，推定所要日数は**表9.5**に示すとおりである．
①表9.5を基にしてアロー・ダイアグラムを書け．
②このプロジェクトの日程計画表を作成せよ．
③クリティカルパスを①に描いたアロー・ダイアグラムに二重線で示せ．

表9.5 各作業の所要日数

作業記号	作業名	所要日数	先行作業
a	設計	60	なし
b	部品 A 製造	14	a
c	部品 X 購入	20	a
d	部品 Y 購入	30	a
e	部品 B 製造	21	a
f	組立品 a 組立	7	b, c
g	組立品 b 組立	12	d, e
h	特性確認試験	60	f, g

2. **表9.6**はあるミュージカルが企画されてから開幕に至るまでの各作業の順序とその所要日数をまとめたものである．
①この作業表を基に，アロー・ダイアグラムを書け．
②日程計画表を作成せよ．
③クリティカルパスを求め，①の図に二重線で示せ．

表9.6 各作業の所要日数

作業記号	作業名	所要日数	先行作業
A	台本作成	7	なし
B	配役決定	2	A
C	けいこ	8	B
D	オーケストラ練習	6	A
E	舞台装置作成	10	C
F	衣装作成	9	B
G	舞台けいこ	1	C, D
H	本番リハーサル	1	E, F, G

第 10 章　取替問題

10.1　目　的

　機械類は長く使用すると時間の経過に伴って，性能が悪くなるし，装置には寿命があるので，どちらもいずれ取り替えなければならない．設備が古くなれば，保全費が高くなり，生産能力も低下する．老朽化した旧式の設備を更新して，生産性を向上させることが設備管理をする上では重要である．これらの設備の取り替えあるいは更新する時期を決定する問題の解法を知る．

10.2　問題の定義

10.2.1　能率低下による品物の取り替え

　設備の保全によって，生産性を高めるために，適切な時期に設備を取り替える必要がある．いま，等しい長さの一連の n 個の期間を考え，それぞれの期間 i に必要な費用を C_i とする．C_i は各期当初に支払われるものとする．これらの費用は単調増加であると仮定される．さらに，新設備の設備費を A とし，金利は1期間ごとに r ％とする．

　この仮定のもとで，図10.1に示すように n 期間ごとに設備を変えていくことにする．この方針に基づいて，すべての未来費用の**割引価値** K_n を求める．

　設備費は A そのものがその現在価値となる．第1期に稼働するのに必要な費用は C_1 である．設備費と第1期の稼働費は現在必要であるから，$A+C_1$ がその現在価値となる．

　第2期の稼働費 C_2 は第2期頭初（第1期末）に支払われるので，その場合の支払額 C_2 は現在額 C_2' に利息のついたもので，$C_2'(1+r)=C_2$ の関係にある．したがって，現在価値 C_2' は

$$C_2'=C_2/(1+r)$$

となる．同様に，C_3 の現在価値 C_3' は複利計算により

$$C_3'=C_3/(1+r)^2$$

である．以下同様にして，n 期間全体についての未来費用の割引価値 Z_1 は次のようになる．

$$\begin{aligned}Z_1&=A+C_1+C_2'+C_3'+\cdots+C_n'\\&=A+C_1+\frac{C_2}{1+r}+\frac{C_3}{(1+r)^2}+\cdots+\frac{C_n}{(1+r)^{n-1}}\end{aligned} \quad (10.1)$$

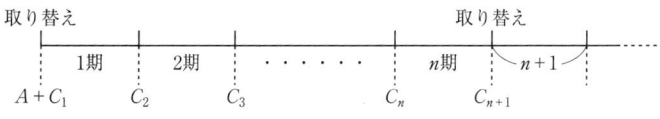

図10.1　取替時期と費用

第 n 期の終わり（第 $(n+1)$ 期の頭初）に新設備と取り替えるのであるから，その設備費 A と稼働費 C_1 の現在価値 C_{n+1}' は

$$C_{n+1}' = \frac{A+C_1}{(1+r)^n}$$

である．$(n+2)$ 期頭初の稼働費 C_{n+2}' は

$$C_{n+2}' = C_{n+2}/(1+r)^{n+1}$$

である．第 $(n+i)$ 期頭初の稼働費 C_{n+i}' は

$$C_{n+i}' = C_{n+i}/(1+r)^{n+i-1}$$

である．したがって，$(n+1)$ 期から $2n$ 期までの n 期間全体にわたる未来費用の割引価値 Z_2 は次のようになる．

$$\begin{aligned}Z_2 &= C_1' + C_2' + C_3' + \cdots + C_n' \\ &= \frac{A+C_1}{(1+r)^n} + \frac{C_2}{(1+r)^{n+1}} + \frac{C_3}{(1+r)^{n+2}} + \cdots + \frac{C_n}{(1+r)^{2n-1}}\end{aligned} \quad (10.2)$$

よって，すべての未来費用の割引価値 K_n は

$$\begin{aligned}K_n &= Z_1 + Z_2 + \cdots + Z_n \\ &= \left(A + C_1 + \frac{C_2}{1+r} + \frac{C_3}{(1+r)^2} + \cdots + \frac{C_n}{(1+r)^{n-1}}\right) \\ &\quad + \left(\frac{A+C_1}{(1+r)^n} + \frac{C_2}{(1+r)^{n+1}} + \frac{C_3}{(1+r)^{n+2}} + \cdots + \frac{C_n}{(1+r)^{2n-1}}\right) + \cdots\end{aligned} \quad (10.3)$$

これはまた，次のように書ける．

$$\begin{aligned}K_n &= \left\{A + \sum_{i=1}^{n} \frac{C_i}{(1+r)^{i-1}}\right\} + \frac{1}{(1+r)^n}\left\{A + \sum_{i=1}^{n} \frac{C_i}{(1+r)^{i-1}}\right\} \\ &\quad + \frac{1}{(1+r)^{2n}}\left\{A + \sum_{i=1}^{n} \frac{C_i}{(1+r)^{i-1}}\right\} + \cdots\end{aligned}$$

ここで，かっこ｛ ｝内はすべて等しいので，その｛ ｝で全体をくくると，次のようになる．

$$K_n = \left\{A + \sum_{i=1}^{n} \frac{C_i}{(1+r)^{i-1}}\right\}\left\{1 + \frac{1}{(1+r)^n} + \frac{1}{(1+r)^{2n}} + \cdots\right\} \quad (10.4)$$

この後の｛ ｝項に等比級数の和の公式を適用すると，次のようになる．

$$K_n = \frac{A + \sum_{i=1}^{n} \dfrac{C_i}{(1+r)^{i-1}}}{1 - \dfrac{1}{(1+r)^n}} \quad (10.5)$$

この K_n は n 期ごとに設備を取り替えていくとき，設備新設とその稼働に要する全未来費用を支払うために現在必要とする金額である．

これらの費用 C_i は単調増加であると仮定されているので，$C_i < C_{i+1}$ である．いま，C_i は各期当初に支払われるものと仮定している．C_i が各期末に支払われる場合，式(10.5)は次のようになる．

$$K_{n-1} = \frac{A + \sum_{i=1}^{n} \dfrac{C_i}{(1+r)^i}}{1 - \dfrac{1}{(1+r)^n}} \quad (10.6)$$

K_n が最小のとき，次の不等式が成り立つ．

$$K_n < K_{n-1}, \qquad K_n < K_{n+1} \tag{10.7}$$

この関係が成り立つ n 期ごとに設備を取り替えるのが最適といえる．

10.2.2 故障物品の取り替え

設備の中には，故障して修理できないものもある．あるいは買い換えた方が修理するよりも良いものもある．このような品物を取り替える場合，取り替える間隔をどれくらいにすると費用の和を最小にするかということが問題となる．

その費用として，購入や生産のための設備費用，品物の取替費用，設備の使用不能による利益の喪失などの品物の故障に関連した費用などがある．品物を取り替える方法として，故障するたびに交換する方法，ある一定間隔で一斉に交換する方法，などが考えられる．

品物の寿命は確率的である．ある一定間隔ごとに，故障する確率を測定して，故障数を予測する必要がある．いま，T 期まででにすべての品物が故障するとし，i 期の故障する確率を p_i とする．次のように p_i の和は 1 となる．

$$\sum_{i=1}^{T} p_i = 1 \tag{10.8}$$

故障数を予測するために，次のような仮定をする．各期間に故障した品物はその期間の終わりに取り替えられる．同じ経過期間を過ぎた品物の部分母集団における故障の確率は，全体の母集団における故障の確率に等しい．

この仮定のもとで，i 期間の故障する数 n_i は次のように求められる．

$n_0 = n_0$

$n_1 = n_0 p_1$

$n_2 = n_0 p_2 + n_1 p_1$

……

$$n_T = \sum_{i=1}^{T} n_{i-1} p_{T-i+1} \tag{10.9}$$

平均寿命 L は次のように求められる．

$$L = \sum_{i=1}^{T} i\, p_i \tag{10.10}$$

品物の総数を N とする．定常状態における各期間の故障数 a は次のように求められる．

$$a = N/L \tag{10.11}$$

一斉交換と事後交換との中間的な交換方法を実施する場合，i 期に必要な費用 C_i は，一斉交換とその1期間前までに故障した品物を取り替える費用との和で与えられる．故障した品物を個々に取り替える場合，1個につき平均 c 円かかる．すべての品物を一斉に取り替える場合，1個につき平均 d 円かかる．

$C_1 = Nd$

$C_2 = (Nd + n_1 c)/2$

……

$$C_{T+1} = \left(Nd + \sum_{i=1}^{T} n_i c \right) / (T+1) \tag{10.12}$$

C_1, C_2, $\cdots$, C_{T+1}, $\cdots$ の中で最小になる期間ごとに品物を取り替えるのが最適な取替方法であるといえる．

10.3 問題の解法

10.3.1 能率低下による品物の取替問題

ある設備の設備費は500万円である．初年度の年間稼働費は80万円であり，第2年目から15万円ずつ稼働費が増大する．年利率5%として，設備取り替えの最適期間を求めよ．ただし，経費の支出は年度初めとする．

問題から，$A=500$万円，$C_1=80$万円，$r=0.05$である．10.2節の理論による式(10.2)と式(10.5)を用いて，計算をする．

$i=1$ のとき
  $C_1=80$
  $X^0=1/(1+r)^0=1$
  $C_1 X^0 = 80 \times 1 = 80$
  $A+\sum C_i X^{i-1} = 500+80 = 580$
  $\sum X^{i-1} = 1$
  $K_1 = (A+\sum_{i=1}^{1} C_i X^{i-1})/\sum_{i=1}^{1} X^{i-1} = 580/1 = 580$

$i=2$ のとき
  $C_2 = 80+15 = 95$
  $X^1 = 1/(1+r)^1 = 1/1.05 = 0.9524$
  $C_2 X^1 = 95 \times 0.9524 = 90.48$
  $A+\sum C_i X^{i-1} = 500+80+90.48 = 670.48$
  $\sum X^{i-1} = 1+0.9524 = 1.9524$
  $K_2 = (A+\sum_{i=1}^{2} C_i X^{i-1})/\sum_{i=1}^{2} X^{i-1} = 670.48/1.9524 = 343.41$

$i=3$ のとき
  $C_3 = 80+2 \times 15 = 110$
  $X^2 = 1/(1+r)^2 = 1/1.05^2 = 0.9070$
  $C_3 X^2 = 110 \times 0.9070 = 99.77$
  $A+\sum C_i X^{i-1} = 500+80+90.48+99.77 = 770.25$
  $\sum X^{i-1} = 1+0.9524+0.9070 = 2.8594$
  $K_3 = (A+\sum_{i=1}^{3} C_i X^{i-1})/\sum_{i=1}^{3} X^{i-1} = 770.25/2.8594 = 269.37$

$i=4, \cdots, 10, 11$ のとき
  $K_4 = (A+\sum_{i=1}^{4} C_i X^{i-1})/\sum_{i=1}^{4} X^{i-1} = 878.23/3.7232 = 235.88$
  $K_5 = (A+\sum_{i=1}^{5} C_i X^{i-1})/\sum_{i=1}^{5} X^{i-1} = 993.41/4.5460 = 218.53$

$K_6 = (A + \sum_{i=1}^{6} C_i X^{i-1}) / \sum_{i=1}^{6} X^{i-1} = 1114.85/5.3295 = 209.19$

$K_7 = (A + \sum_{i=1}^{7} C_i X^{i-1}) / \sum_{i=1}^{7} X^{i-1} = 1241.71/6.0757 = 204.37$

$K_8 = (A + \sum_{i=1}^{8} C_i X^{i-1}) / \sum_{i=1}^{8} X^{i-1} = 1373.19/6.7864 = 202.34$

$K_9 = (A + \sum_{i=1}^{9} C_i X^{i-1}) / \sum_{i=1}^{9} X^{i-1} = 1508.55/7.4632 = 202.13$

$K_{10} = (A + \sum_{i=1}^{10} C_i X^{i-1}) / \sum_{i=1}^{10} X^{i-1} = 1647.15/8.1078 = 203.16$

$K_{11} = (A + \sum_{i=1}^{11} C_i X^{i-1}) / \sum_{i=1}^{11} X^{i-1} = 1788.35/8.7217 = 205.04$

これらの結果を**表10.1**に示す．この表10.1から一番右の列の最小値を探すと，$K_9 = 202.13$である．これから，経過期間が9年で最小の費用になるので，最適の取替期間は9年であることがわかる．

表10.1 未来費用の割引価値

経過期間 i	稼働費用 C_i	$X^{i-1} = \dfrac{1}{(1+r)^{i-1}}$	$C_i X^{i-1}$	$A + \sum_{i=1}^{n} C_i X^{i-1}$	$\sum_{i=1}^{n} X^{i-1}$	$\dfrac{A + \sum C_i X^{i-1}}{\sum X^{i-1}}$
1	80	1.0000	80.00	580.00	1.0000	580.00
2	95	0.9524	90.48	670.48	1.9524	343.41
3	110	0.9070	99.77	770.25	2.8594	269.37
4	125	0.8638	107.98	878.23	3.7232	235.88
5	140	0.8227	115.18	993.41	4.5460	218.53
6	155	0.7835	121.45	1114.85	5.3295	209.19
7	170	0.7462	126.86	1241.71	6.0757	204.37
8	185	0.7107	131.48	1373.19	6.7864	202.34
9	200	0.6768	135.37	1508.55	7.4632	202.13
10	215	0.6446	138.59	1647.15	8.1078	203.16
11	230	0.6139	141.20	1788.35	8.7217	205.04

10.3.2 設備の寿命分布を含む取替問題

ある設備に1000個の電子部品が使用されている．その寿命分布が**表10.2**のようである．電子部品を故障するたびに取り替えると電子部品1個が950円，全電子部品を同時に取り替えると1個が300円ですむものとする．その期間途中で故障した電子部品はその月の終わりに取り替え，また電子部品が故障してもしなくても一定期間の終わりに全電子部品を取り替えることにする．どのような間隔で全電子部品を取り替えるのが最適（最も安い）か．

表10.2 寿命分布

期	1	2	3	4	5	6	合計
故障割合	0.05	0.10	0.15	0.25	0.30	0.15	1.00

問題から，$n_0 = 1000$，$N = 1000$，$c = 950$円，$d = 300$円である．

最初1000個の電子部品がすべて新しいとし，第6期の終わりにすべて取り替える．一斉交換と事後交換を行う方法による交換のため必要となる費用を計算する．

この仮定のもとで，i 期間の故障する数 n_i は式(10.9)を用いて次のように求められる．

$n_0 = 1000$

$n_1 = n_0 p_1 = 1000 \times 0.05 = 50$

$n_2 = n_0 p_2 + n_1 p_1 = 1000 \times 0.1 + 50 \times 0.05 = 102.5$

$n_3 = n_0 p_3 + n_1 p_2 + n_2 p_1 = 1000 \times 0.15 + 50 \times 0.1 + 102.5 \times 0.05 = 160.13$

$n_4 = n_0 p_4 + n_1 p_3 + n_2 p_2 + n_3 p_1 = 1000 \times 0.25 + 50 \times 0.15 + 102.5 \times 0.1 + 160.13 \times 0.05 = 275.76$

$n_5 = n_0 p_5 + n_1 p_4 + n_2 p_3 + n_3 p_2 + n_4 p_1$
$\quad = 1000 \times 0.3 + 50 \times 0.25 + 102.5 \times 0.15 + 160.13 \times 0.1 + 275.76 \times 0.05 = 357.66$

$n_6 = n_0 p_6 + n_1 p_5 + n_2 p_4 + n_3 p_3 + n_4 p_2 + n_5 p_1$
$\quad = 1000 \times 0.15 + 50 \times 0.3 + 102.5 \times 0.25 + 160.13 \times 0.15 + 275.76 \times 0.1 + 357.66 \times 0.05$
$\quad = 260.1$

故障する数は次第に一定値に近づいていく．

平均寿命 L は式(10.10) を用いて次のように求められる．

$L = \sum_{i=1}^{T} i p_i = 1 \times 0.05 + 2 \times 0.1 + 3 \times 0.15 + 4 \times 0.25 + 5 \times 0.3 + 6 \times 0.15 = 4.1$

これから平均寿命 L は 4.1 期である．

これを用いると定常状態における各期間の故障数 a は次のように求められる．

$a = N/L$
$\quad = 1000/4.1$
$\quad = 243.9$

したがって，1個取り替えるために $c=950$ 円かかるので，各期ごとに電子部品を交換するために，$ca = 950$ 円 $\times 243.9$ 個 $= 231705$ 円かかることになる．

一斉交換と事後交換との中間的な交換方法を実施する場合，i 期に必要な費用 C_i は，一斉交換とその 1 期間前までに故障した品物を取り替える費用との和で与えられる．

$C_1 = Nd = 1000 \times 300 = 300000$

$C_2 = (Nd + n_1 c)/2$
$\quad = (300000 + 50 \times 950)/2$
$\quad = 173750$

$C_3 = (Nd + n_1 c + n_2 c)/3$
$\quad = (300000 + 50 \times 950 + 102.5 \times 950)/3$
$\quad = 148291.67$

$C_4 = (Nd + n_1 c + n_2 c + n_3 c)/4$
$\quad = (300000 + 50 \times 950 + 102.5 \times 950 + 275.76 \times 950)/4$
$\quad = 176711.75$

……

これから，C_3 が最小の費用であるので，3 期ごとに取り替えるのが最適で，その場合 148292 円かかることがわかる．

10.4 演習

10.4.1 能率低下による品物の取替問題

ある設備の設備費は400万円である．初年度の年間稼働費は60万円であり，第2年目から20万円ずつ稼働費が増大する．年利率5%として，設備取り替えの最適期間を求めよ．ただし，経費の支出は年度初めとする．

問題から，$A=($　　$)$万円，$C_1=($　　$)$万円，$r=($　　$)$である．10.2節の理論による式(10.2)と式(10.5)を用いて計算をする．

$i=1$のとき
　　$C_1=($　　$)$
　　$X^0=($　　$)$
　　$C_1 X^0=($　　$)\times($　　$)=($　　$)$
　　$A+\sum C_i X^{i-1}=($　　$)+($　　$)=($　　$)$
　　$\sum X^{i-1}=($　　$)$
　　$K_1=(A+\sum_{i=1}^{1} C_i X^{i-1})/\sum_{i=1}^{1} X^{i-1}=($　　$)/($　　$)=($　　$)$

$i=2$のとき
　　$C_2=($　　$)+($　　$)=($　　$)$
　　$X^1=1/(1+r)=1/(1+$　　$)=($　　$)$
　　$C_2 X^1=($　　$)\times($　　$)=($　　$)$
　　$A+\sum C_i X^{i-1}=($　　$)+($　　$)+($　　$)=($　　$)$
　　$\sum X^{i-1}=1+($　　$)=($　　$)$
　　$K_2=(A+\sum_{i=1}^{2} C_i X^{i-1})/\sum_{i=1}^{2} X^{i-1}=($　　$)/($　　$)=($　　$)$

$i=3$のとき
　　$C_3=($　　$)+($　　$)\times($　　$)=($　　$)$
　　$X^2=1/(1+r)^2=1/(1+$　　$)^2=($　　$)$
　　$C_3 X^2=($　　$)\times($　　$)=($　　$)$
　　$A+\sum C_i X^{i-1}=($　　$)+($　　$)+($　　$)+($　　$)=($　　$)$
　　$\sum X^{i-1}=1+($　　$)+($　　$)=($　　$)$
　　$K_3=(A+\sum_{i=1}^{3} C_i X^{i-1})/\sum_{i=1}^{3} X^{i-1}=($　　$)/($　　$)=($　　$)$

$i=4,\cdots,10,11$のとき
　　$K_4=(A+\sum_{i=1}^{4} C_i X^{i-1})/\sum_{i=1}^{4} X^{i-1}=($　　$)/($　　$)=($　　$)$
　　$K_5=(A+\sum_{i=1}^{5} C_i X^{i-1})/\sum_{i=1}^{5} X^{i-1}=($　　$)/($　　$)=($　　$)$
　　$K_6=(A+\sum_{i=1}^{6} C_i X^{i-1})/\sum_{i=1}^{6} X^{i-1}=($　　$)/($　　$)=($　　$)$

$$K_7 = (A + \sum_{i=1}^{7} C_i X^{i-1}) / \sum_{i=1}^{7} X^{i-1} = (\quad)/(\quad) = (\quad)$$

$$K_8 = (A + \sum_{i=1}^{8} C_i X^{i-1}) / \sum_{i=1}^{8} X^{i-1} = (\quad)/(\quad) = (\quad)$$

$$K_9 = (A + \sum_{i=1}^{9} C_i X^{i-1}) / \sum_{i=1}^{9} X^{i-1} = (\quad)/(\quad) = (\quad)$$

$$K_{10} = (A + \sum_{i=1}^{10} C_i X^{i-1}) / \sum_{i=1}^{10} X^{i-1} = (\quad)/(\quad) = (\quad)$$

$$K_{11} = (A + \sum_{i=1}^{11} C_i X^{i-1}) / \sum_{i=1}^{11} X^{i-1} = (\quad)/(\quad) = (\quad)$$

これらの結果を**表 10.3**に記入する．この表 10.3 から一番右の列の最小値を探すと，$K_{(\ )} = (\quad)$ である．これから，経過期間が（ ）年で最小の費用になるので，最適の取替期間は（ ）年である．

表 10.3　未来費用の割引価値

経過期間 i	稼働費用 C_i	$X^{i-1} = \dfrac{1}{(1+r)^{i-1}}$	$C_i X^{i-1}$	$A + \sum_{i=1}^{n} C_i X^{i-1}$	$\sum_{i=1}^{n} X^{i-1}$	$\dfrac{A + \sum C_i X^{i-1}}{\sum X^{i-1}}$
1						
2						
3						
4						
5						
6						
7						
8						
9						
10						
11						

10.4.2　設備の寿命分布を含む取替問題

ある設備に1500個の電子部品が使用されている．その寿命分布が**表 10.4**のようである．電子部品を故障するたびに取り替えると電子部品1個が1100円，全電子部品を同時に取り替えると1個が400円ですむものとする．電子部品が故障してもしなくても一定期間の終わりに全電子部品を取り替え，またその期間途中で故障した電子部品はその月の終わりに取り替えることにする．どのような間隔で全電子部品を取り替えるのが最適（最も安い）か．

表 10.4　寿命分布

期	1	2	3	4	5	合計
故障割合	0.10	0.15	0.25	0.30	0.20	1.00

問題から，$n_0 = (\quad)$, $N = (\quad)$, $c = (\quad)$ 円，$d = (\quad)$ 円である．この仮定のもとで，i 期間の故障する数 n_i は次のように求められる．

$\quad n_0 = (\quad)$

$\quad n_1 = n_0 p_1 = (\quad) \times (\quad) = (\quad)$

$\quad n_2 = n_0 p_2 + n_1 p_1 = (\quad) \times (\quad) + (\quad) \times (\quad) = (\quad)$

$n_3 = n_0 p_3 + n_1 p_2 + n_2 p_1 = (\quad) \times (\quad) + (\quad) \times (\quad) + (\quad) \times (\quad) = (\quad)$

$n_4 = n_0 p_4 + n_1 p_3 + n_2 p_2 + n_3 p_1$
$\quad = (\quad) \times (\quad) + (\quad) \times (\quad) + (\quad) \times (\quad) + (\quad) \times (\quad) = (\quad)$

$n_5 = n_0 p_5 + n_1 p_4 + n_2 p_3 + n_3 p_2 + n_4 p_1$
$\quad = (\quad) \times (\quad) + (\quad) \times (\quad) + (\quad) \times (\quad) + (\quad) \times (\quad)$
$\quad + (\quad) \times (\quad) = (\quad)$

平均寿命 L は次のように求められる.

$L = \sum_{i=1}^{T} i p_i$
$\quad = 1 \times (\quad) + 2 \times (\quad) + 3 \times (\quad) + 4 \times (\quad) + 5 \times (\quad) = (\quad)$

これから定常状態における各期間の故障数 a は次のように求められる.

$a = N/L$
$\quad = (\quad)/(\quad) = (\quad)$

したがって，1個取り替えるために $c = (\quad)$ 円かかるので，各期ごとに電子部品を交換するために，$ca = (\quad)$ 円 $\times (\quad)$ 個 $= (\quad)$ 円かかる.

一斉交換と事後交換との中間的な交換方法を実施する場合，i 期に必要な費用 C_i は，一斉交換とその1期間前までに故障した品物を取り替える費用との和で与えられる.

$C_1 = Nd = (\quad) \times (\quad) = (\quad)$

$C_2 = (Nd + n_1 c)/2$
$\quad = ((\quad) + (\quad) \times (\quad))/2 = (\quad)$

$C_3 = (Nd + n_1 c + n_2 c)/3$
$\quad = ((\quad) + (\quad) \times (\quad) + (\quad) \times (\quad))/3 = (\quad)$

$C_4 = (Nd + n_1 c + n_2 c + n_3 c)/4$
$\quad = ((\quad) + (\quad) \times (\quad) + (\quad) \times (\quad) + (\quad) \times (\quad))/4$
$\quad = (\quad)$

$C_5 = (Nd + n_1 c + n_2 c + n_3 c + n_4 c)/5$
$\quad = ((\quad) + (\quad) \times (\quad) + (\quad) \times (\quad) + (\quad) \times (\quad)$
$\quad + (\quad) \times (\quad))/5 = (\quad)$

これから，$C_{(\quad)}$ が最小の費用であるので，(　) 期ごとに取り替えるのが最適で，その場合 (　　) 円かかる.

10.5 課題

1. ある設備の設備費は700万円である．初年度の年間稼働費は65万円であり，第2年目から18万円ずつ稼働費が増大する．年利率6%として，設備取り替えの最適期間を求めよ．ただし，経費の支出は年度初めとする．10.2節の理論による計算をして**表10.5**に記入せよ．

表10.5 未来費用の割引価値

経過期間 i	稼働費用 C_i	$X^{i-1}=\dfrac{1}{(1+r)^{i-1}}$	$C_i X^{i-1}$	$A+\sum_{i=1}^{n} C_i X^{i-1}$	$\sum_{i=1}^{n} X^{i-1}$	$\dfrac{A+\sum C_i X^{i-1}}{\sum X^{i-1}}$
1						
2						
3						
4						
5						
6						
7						
8						
9						
10						
11						
12						

2. ある設備に1200個の電子部品が使用されている．その寿命分布が**表10.6**のようである．電子部品を故障するたびに取り替えると電子部品1個が1000円，全電子部品を同時に取り替えると1個が400円ですむものとする．電子部品が故障してもしなくても一定期間の終わりに全電子部品を取り替え，またその期間途中で故障した電子部品はその月の終わりに取り替えることにする．どのような間隔で全電子部品を取り替えるのが最適（最も安い）か．

表10.6 寿命分布

期	1	2	3	4	5	6	7	合計
故障割合	0.05	0.10	0.15	0.25	0.30	0.10	0.05	1.00

第11章 在庫管理問題

11.1 目 的

品物の在庫を管理する問題は，以前から実務的にも理論的にも多くの人々の関心を集めてきた．その理由の1つとして，在庫問題における意思決定の改善によってかなり経費節減が可能になるからである．在庫管理は，需要予測，広告その他の販売促進活動，生産計画，工程管理，保全計画などのさまざまな問題と関連している．在庫モデルは待ち行列モデルと組み合わせて用いられることが多い．ここでは，在庫管理だけを切り離して，シミュレーションして，その概要を知る．

11.2 問題の定義

資材を過大に貯蔵すれば，資材の不足による生産納期の遅延はないが，保管費用は莫大なものになる．**保管費用**というのは，在庫品を保管するためにかかる費用のことであって，一般に棚卸減耗費，場内運搬費，物件費，倉庫人件費，および資金費などである．

企業では，在庫品の量を計画し，統制するための体系を確立する必要がある．このような体系のことを在庫管理体系という．在庫管理体系は，生産体系，販売流通体系と特に密接な関係を持つ．在庫管理体系を分析，調査し，適正な管理方式を発見するために使用されるモデルのことを在庫モデルと呼ぶ．在庫モデルは多くの場合，記号で表現され，数学的に解析され，シミュレーション手法によって取り扱われる．一般に，現実の需要量は，いろいろの要因によって変動する不確実なものである．したがって，その数量は的確には予想し得ない場合が多く，確率的に把握することになる．

物品を発注してからその品が納入され，検査が完了し，いつでも出庫要求に応じられるようになるまでの期間のことを**調達期間**という．これも一定でないのが普通である．これらの状況のもとで，いつ，どれだけ発注するかということが在庫管理の中心的な問題である．在庫管理とは，これらの課題に対する最適な解を求める問題である．適正在庫水準を持続する手法として，発注点方式と定期発注方式が普通よく用いられる．

ここでは，発注点方式について説明する．**発注点方式**というのは，発注間隔を特に規定せず，在庫が一定の水準（これを発注点という）まで減少したとき，一定の数量を発注する在庫管理方式である．発注点をどこに定めたらよいかが決め手になる．発注は調達期間の**推定需要**と安全余裕の和として定められる．ここで，**安全余裕**とは，需要や供給の推定誤差による在庫不足を防ぐために余分に保有する在庫量のことで，安全予備量とか最低保有量などともいわれる．

年間需要量を D として，1年間に注文する回数 n を1回とすれば，年間注文量は D であり，年間平均在庫量は $D/2$ である．注文する回数 n を2回とすれば，注文量は $D/2$ であり，年間平均在

庫量は $D/4$ である．一般に，1年間に注文する回数を n 回とすれば，注文量は D/n であり，年間平均在庫量は $D/(2n)$ である．注文してすぐに品物が届き，注文する際には，在庫はすべてなくなると仮定すると，**図 11.1** のように在庫量は変化する．一度に多く仕入れる場合，注文の回数が少ないので，注文費用が少なくなるが，平均在庫量が多いので，在庫費用は高くなる．逆に，一度に少しずつ仕入れる場合，注文の回数が多くなり，注文費用が高くなるが，平均在庫量が少ないので，在庫費用は安くなる．在庫管理のポイントは，いつどれだけ注文すると最適になるかということである．

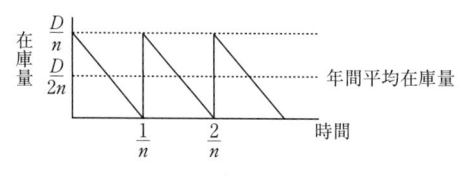

図 11.1 在庫量の変化

定量注文方式において，ある品物は年間を通じてほとんど一定の割合で売れていて，その年間の総売上量を D 個とする．品物の購入費を p とし，年間在庫保管率を $r\%$ とし，1回の注文費を C とする．この品物の年間の注文回数を n とする．年間在庫保管率とは，品物を1年間在庫したときの保管費の単価に対する百分率である．この品物の注文費用と年間在庫費用の合計 T_n は，次のようになる．

$$T_n = nC + D/(2n) \times p \times r/100 \tag{11.1}$$

この式の注文回数 n を 1, 2, … と変えて，注文費用と年間在庫費用の合計 T_n を求めて，シミュレーションする．その中で，合計 T_n が最小になる n を求める．その際の1回の最適注文量は D/n である．

最大調達期間が T 月，1ヶ月の平均需要量が d 個，月間需要量の標準偏差が σ であるとき，発注点 k は次式で与えられる．

$$k = Td + \alpha\sqrt{T}\sigma \tag{11.2}$$

この式の右辺の第1項は最大調達期間中の平均需要量であり，第2項は安全余裕である．ただし，α は安全係数であり，物品の重要度によって異なる．月間需要が正規分布に従うと仮定できるならば，$\alpha = 1.65$ 位にとる．この値は正規分布の片側5%の点であって，品切れをする危険が100回のうち5回位にとどまることをねらっている．

ところで，i 月の需要量 d_i とすると，月間需要量の標準偏差 σ は次の式で求められる．

$$\sigma = \sqrt{\sum(d_i - d)^2/12} = \sqrt{\sum d_i^2/12 - d^2} \tag{11.3}$$

11.3 問題の解法

11.3.1 シミュレーションによる発注回数の求め方

ある小売店で，ある品物が年間を通じてほとんど一定の割合で売れていて，その年間の総売上量を 2000 個とする．品物の購入費を 600 円とし，年間在庫保管率を 7% とし，1回の注文費を 1200

円とする．この品物の年間の最適な注文回数 n を求めよ．

問題から $C=1200$, $D=2000$, $p=600$, $r=7$ である．この問題を解くために，式(11.1) を用いて，注文回数 n を 1, 2, … と変えて，この品物の注文費用と年間在庫保管費の合計 T_n を求める．

$T_n = nC + D/(2n) \times p \times r/100$

$T_1 = 1 \times 1200 + 2000/2 \times 600 \times 0.07 = 43200$

$T_2 = 2 \times 1200 + 2000/4 \times 600 \times 0.07 = 23400$

$T_3 = 3 \times 1200 + 2000/6 \times 600 \times 0.07 = 17600$

$T_4 = 4 \times 1200 + 2000/8 \times 600 \times 0.07 = 15300$

$T_5 = 5 \times 1200 + 2000/10 \times 600 \times 0.07 = 14400$

$T_6 = 6 \times 1200 + 2000/12 \times 600 \times 0.07 = 14200$

$T_7 = 7 \times 1200 + 2000/14 \times 600 \times 0.07 = 14400$

$T_8 = 8 \times 1200 + 2000/16 \times 600 \times 0.07 = 14850$

$T_9 = 9 \times 1200 + 2000/18 \times 600 \times 0.07 = 15467$

$T_{10} = 10 \times 1200 + 2000/20 \times 600 \times 0.07 = 16200$

注文回数 n を10まで変えて，合計 T_n を求めると，**表 11.1** のようになる．これから，年間在庫費の最小は $n=6$ のとき14200円である．その際の1回の最適注文量は $2000/6 \fallingdotseq 334$ 個である．

表 11.1 注文回数ごとの費用合計

注文回数 n	注文費 nC	年間在庫保管費	合計 T_n
1	1200	42000	43200
2	2400	21000	23400
3	3600	14000	17600
4	4800	10500	15300
5	6000	8400	14400
6	7200	7000	14200
7	8400	6000	14400
8	9600	5250	14850
9	10800	4667	15467
10	12000	4200	16200

11.3.2 公式による発注点の求め方

ある商品の需要量が**表 11.2** のようである場合，最大調達期間 T が1ヶ月，安全係数 $\alpha=1.65$ に対する発注点 k を求めよ．

問題から，$T=1$, $\alpha=1.65$ である．1ヶ月の平均需要量 d を求め，式(13.3) を用いてその標準偏

表 11.2 各月の需要量

月	1	2	3	4	5	6	7	8	9	10	11	12	合計
需要量	253	236	230	260	237	243	241	224	244	244	223	243	2878
d_i^2	64009	55696	52900	67600	56169	59049	58081	50176	59536	59536	49729	59049	691530

差 σ を求めると,

$d = 2878/12 = 239.83$

$\sigma = \sqrt{\sum d_i^2/12 - d^2} = \sqrt{691530/12 - 239.83^2} = 10.37$

である．問題から，$T=1, \alpha=1.65$ である．式(11.2)にこれらの値を代入して，発注点 k を求める．

$k = Td + \alpha\sqrt{T}\sigma$
$= 1 \times 239.83 + 1.65 \times \sqrt{1} \times 10.37$
$\fallingdotseq 257$

これから在庫量が 257 個になれば発注すればよい．

11.4 演 習

11.4.1 シミュレーションによる発注回数の求め方

ある小売店で，ある品物が年間を通じてほとんど一定の割合で売れていて，その年間の総売上量を 3000 個とする．品物の購入費を 800 円とし，年間在庫保管率を 7 % とし，1 回の注文費を 1100 円とする．この品物の年間の最適な注文回数 n を求めよ．

問題から，$C=(\quad)$, $D=(\quad)$, $p=(\quad)$, $r=(\quad)$. この問題を解くために，式 (11.1) を用いて，注文回数 n を $1, 2, \cdots, 10$ まで変えて，この品物の注文費用と年間在庫保管費の合計 T を求める．

$T_n = nC + D/(2n) \times p \times r/100$

$T_1 = (\ )\times(\ )+(\ )/(\ )\times(\ )\times(\ )/100 = (\ )$
$T_2 = (\ )\times(\ )+(\ )/(\ )\times(\ )\times(\ )/100 = (\ )$
$T_3 = (\ )\times(\ )+(\ )/(\ )\times(\ )\times(\ )/100 = (\ )$
$T_4 = (\ )\times(\ )+(\ )/(\ )\times(\ )\times(\ )/100 = (\ )$
$T_5 = (\ )\times(\ )+(\ )/(\ )\times(\ )\times(\ )/100 = (\ )$
$T_6 = (\ )\times(\ )+(\ )/(\ )\times(\ )\times(\ )/100 = (\ )$
$T_7 = (\ )\times(\ )+(\ )/(\ )\times(\ )\times(\ )/100 = (\ )$
$T_8 = (\ )\times(\ )+(\ )/(\ )\times(\ )\times(\ )/100 = (\ )$
$T_9 = (\ )\times(\ )+(\ )/(\ )\times(\ )\times(\ )/100 = (\ )$
$T_{10} = (\ )\times(\ )+(\ )/(\ )\times(\ )\times(\ )/100 = (\ )$

その結果を表 11.3 に記入する．これから，年間在庫費の最小は (　　) 円であり，それは，$n=(\ )$ のときである．その際の 1 回の最適注文量は (　　)/(　) $\fallingdotseq$ (　　) 個である．

表 11.3 注文回数ごとの費用合計

注文回数	注文費	年間在庫保管費	合計
1			
2			
3			
4			
5			
6			
7			
8			
9			
10			

11.4.2 公式による発注点の求め方

ある商品の需要量が**表 11.4**のようである場合，最大調達期間 T が 2 ヶ月，安全係数 $\alpha=1.65$ に対する発注点 k を求めよ．

表 11.4 各月の需要量

月	1	2	3	4	5	6	7	8	9	10	11	12	合計
需要量	190	157	156	154	153	152	150	145	175	140	133	163	
d_i^2													

問題から，$T=(\quad)$，$\alpha=(\quad)$ である．1 ヶ月の平均需要量を求め，式 (13.3) を用いてその標準偏差を求めると，次のようになる．

$$d=(\quad)/12=(\quad)$$

$$\sigma=\sqrt{\sum d_i^2/12 - d^2} = \sqrt{(\quad)-(\quad)} = (\quad)$$

式 (11.2) にこれらの値を代入して，発注点 k を求める．

$$k = Td + \alpha\sqrt{T}\sigma = (\quad)\times(\quad) + (\quad)\sqrt{(\quad)}\times(\quad)$$
$$= (\quad)$$

これから在庫量が ( ) 個になれば発注すればよい．

11.5 課題

1. ある工場で，ある部品が年間を通じてほとんど一定の割合で使われていて，その年間の総使用量を 3500 個とする．部品の購入費を 1500 円とし，年間在庫保管率を 12 ％とし，1 回の注文費を 2000 円とする．この部品の年間の最適な注文回数 n を求めよ．

2. ある商品の需要量が**表 11.5**のようである場合，最大調達期間が 1.5 ヶ月，安全係数 $\alpha=1.96$ に対する発注点を求めよ．

表 11.5 各月の需要量

月	1	2	3	4	5	6	7	8	9	10	11	12
需要量	76	53	52	51	50	49	48	44	41	36	60	64

第12章　待ち行列問題

12.1　目　的

何らかのサービスを受けるために待つという現象は，我々の日常生活で多く見られる．このような現象の分析を行うのが待ち行列理論の目的である．簡単な待ち行列系について解析的に分析する方法を知る．

12.2　問題の定式化

待ち行列の問題の中には，いろいろな種類の問題がある．たとえば，理髪店に整髪したい人が来てサービスを受けたり，病院に患者がやって来て診察や治療を受けたりするような純然たる待ち行列の問題がある．一方，機械の故障を直すために修理士が機械を調整して歩くような場合，セールスマンが得意先を訪問するような場合，また，ある工程に前の工程からの半製品が流されるような場合なども待ち行列の問題として考えることができる．

待ち行列の問題において，これら整髪のサービスを受けに来た人，修理を要する機械，得意先，半製品などを**客**という．理髪店の整髪台（あるいは理髪師），医者，修理士，セールスマン，問題の工程の機械などを**窓口**と呼ぶ．

社会現象や人間の行動を分析する際に，待ち行列はよく現れる．待ち行列の現象をとらえるためには，客の流れとサービスする窓口という，需要と供給の両面から考えなければならない．待ち行列の状態に直接影響を与える因子としては，次のようなものがある．

(1) 単位時間に到着する客数（**到着率**）λ
(2) 引き続き客がいる場合に単位時間に1つの窓口が処理し終える客の数（**サービス率**）μ
(3) 窓口の数
(4) 客の到着時間間隔の分布
(5) サービス時間の分布
(6) 行列の長さに関係なく客が待つことができるか

サービス率μが大きいほどサービスの能率がよい．到着率λが大きいほど客が頻繁に到着することを意味している．窓口が1個の場合を単一窓口の系という．このような系で**利用率**ρを次のように定義する．

$$\rho = \lambda/\mu \tag{12.1}$$

この利用率は混雑の程度を表す．ρが大きいほど処理し終える客の数に比べて，到着する客数が多いことを表す．

客の到着時間には，一定の時間間隔で到着するレギュラー到着とランダムな時間の間隔で到着す

るランダム到着との二種類のモデルがある．現実の場面では，レギュラー到着はほとんどなく，ランダム到着がほとんどである．ランダム到着の場合，到着の仕方にはいろいろとある．普通，ランダム到着の場合，どの時点でも同様に到着が起こり得ると仮定すると，数学的な取り扱いが容易になる．すなわち，次の到着は，前の到着からどれだけ時間がたっているかに無関係である．この仮定を満足する到着分布は，一般にポアソン分布と呼ばれ，そのような到着は**ポアソン到着**と呼ばれている．

ここでは，ポアソン到着の場合を考える．十分に短い時刻 Δt を考えると，ある時刻 t_0 から時刻 $(t_0+\Delta t)$ の間に客がやって来る確率は Δt のみに比例し，時刻 t_0 には関係しない．つまり，客の到着する確率は前の客が到着してからの経過時間だけに関係し，それまでの経緯には無関係で Δt の大きさだけによって決まる．到着率を λ とすれば，時刻 t_0 と $(t_0+\Delta t)$ の間に客が到着する確率は $\lambda \Delta t$ で与えられる．この場合，ある一定の時間間隔 T 内に到着する平均の客の数は λT である．この場合，客の数 n は，パラメータ λT のポアソン分布に従う．T 単位時間内に n 人到着する確率 $P_n(T)$ は，

$$P_n(T) = \frac{(\lambda T)^n e^{-\lambda T}}{n!} \tag{12.2}$$

で与えられる．次の客が到着するまでの時間間隔 x は，パラメータ λ の指数分布に従う．すなわち，確率密度関数 $f(x)$ は次のとおりである．

$$\left. \begin{array}{l} f(x) = \lambda e^{-\lambda x} \quad (0 \leq x < \infty) \\ f(x) = 0 \quad (x < 0) \end{array} \right\} \tag{12.3}$$

この x の平均値 $E(x)$ および分散 $V(x)$ は次のとおりである．

$$\left. \begin{array}{l} E(x) = \dfrac{1}{\lambda} \\ V(x) = \dfrac{1}{\lambda^2} \end{array} \right\} \tag{12.4}$$

サービス時間については，はっきりした型の分布は存在しないが，到着の場合と同様に，数学的な取り扱いが便利であるという理由から指数分布がよく用いられる．ここでは，**指数分布サービス**の場合を考える．サービス時間が指数分布に従うならば（引き続き待っている客がいるとして），単位時間にサービスを終了して出て行く客の数はポアソン分布に従う．Δt の間に客がサービスを終えて出て行く確率は，それまでどの程度サービスが進行しているかという経緯に無関係で Δt のみに比例する．

時刻 t_0 と $(t_0+\Delta t)$ の間に客がサービスを受け終わって出て行く確率は $\mu \Delta t$ で与えられる．ある一定の時間間隔 T 内にサービスを終えて出て行く客の数 n は一種の確率変数でパラメータ μt のポアソン分布に従い，T 単位時間内に n 人の客がサービスを受け終わって出て行く確率 P_n は，次の式で与えられる．

$$P_n(T) = \frac{(\lambda T)^n e^{-\mu T}}{n!} \tag{12.5}$$

また，1人の客がサービス窓口を占領する時間 x はパラメータ μ の指数分布に従う．

待ち行列システムの最も簡単な場合として，窓口が1つで，客の到着がポアソン到着で，サービス時間が指数サービスの場合を考えた．この場合には，次のように諸量を理論的に計算することが

できる．窓口がふさがっている確率（利用率）ρ は，次のように定義できる．

$$\rho = \frac{\lambda}{\mu} \tag{12.6}$$

系の中にいる客の平均待ち時間 W は，サービス率 μ と利用率 ρ を用いて次のように定義できる．また，式(12.13) を用いて表現しなおすと，次のようになる．

$$W = \frac{1}{\mu - \lambda} = \frac{1}{\mu(1-\rho)} = \frac{L}{\lambda} \tag{12.7}$$

列の平均待ち時間 W_q は，次のように定義できる．続いて，式(12.14) を用いると次のようになる．

$$W_q = \frac{\lambda}{\mu(\mu - \lambda)} = \frac{L_q}{\lambda} \tag{12.8}$$

平均空き時間 G_m は，次のように定義できる．

$$G_m = \frac{1}{\lambda} - \frac{1}{\mu} \tag{12.9}$$

平均待ち行列の長さ Q_m は，次のように定義できる．

$$Q_m = \frac{\lambda^2}{\mu - \lambda} \tag{12.10}$$

サービス窓口の開いている確率 P_0 は利用率 ρ を用いて次のように定義できる．

$$P_0 = 1 - \rho \tag{12.11}$$

系の中に n 人の客がいる確率 P_n は利用率 ρ を用いて次のように定義できる．

$$P_n = \rho^n (1 - \rho) \tag{12.12}$$

系の中にいる客の数の平均 L は利用率 ρ を用いて次のように定義できる．

$$L = \rho / (1 - \rho) \tag{12.13}$$

待ち行列の平均の長さ L_q は利用率 ρ を用いて次のように定義できる．

$$L_q = L - \rho = \rho^2 / (1 - \rho) \tag{12.14}$$

到着した客が待ち行列において，t より長く待つ確率 $P(T > t)$ は次のように定義できる．

$$P(T > t) = \rho \, e^{-(1-\rho)\mu t} \tag{12.15}$$

ここでは，窓口が1つ，客の到着がポアソン到着で，サービス時間が指数サービスの場合を考えた．到着の仕方やサービス時間が他の確率分布であったり，あるいは窓口が1つではなく直列または並列になった複数個の窓口から成り立つ待ち行列が存在する．

12.3 問題の解法

待ち行列として，修理工場に1人の修理士がいる．その修理時間は平均11分の指数分布で，故障した機械（客）の到着は平均1時間当たり3.5台のポアソン分布とする．そのとき次の値を求めよ．

(1) サービス窓口の空いている確率
(2) 窓口にいる機械（客）の平均台数
(3) 待ち行列の平均長さ
(4) 窓口での機械（客）の平均待ち時間

(5) 待ち行列での機械（客）の平均待ち時間
(6) 機械（客）が30分以上待たなければならない確率
(7) 窓口に機械（客）が4台以上ある確率を0.25以下にするための平均サービス時間

これらの求め方を以下に説明する．問題から平均サービス時間＝11(分／台)である．
サービス率 μ は単位時間に1つの窓口が処理し終える機械の数であり，次のように平均サービス時間の逆数で求められる．

$\mu = 1/11$(台／分)＝$60/11$(台／時間)＝5.455(台／時間)

ポアソン到着において，到着率 λ は問題から

λ(台／時間)＝3.5(台／時間)

これらの値を用いて，利用率 ρ は式(12.1)から求められる．

$\rho = \lambda/\mu = 3.5/5.455 = 0.642$

(1) 式(12.11)を用いると，サービス窓口の空いている確率は，

$P_0 = 1 - \rho = 1 - 0.642 = 0.358$

(2) 式(12.13)を用いて，システム内にある機械の平均台数 L は，

$L = \rho/(1-\rho) = 0.642/(1-0.642) = 1.793$(台)

(3) 式(12.14)を用いて，待ち行列の平均長さ L_q は，

$L_q = L - \rho = 1.793 - 0.642 = 1.151$(台)

(4) 式(12.7)を用いて，窓口での機械の平均待ち時間 W は，

$W = 1/(\mu(1-\rho)) = L/\lambda = 1.793/3.5 = 0.512$(時間)

(5) 式(12.8)を用いて，待ち行列での機械の平均待ち時間 W_q は，

$W_q = \lambda/(\mu(1-\rho)) = L_q/\lambda = 1.151/3.5 = 0.329$(時間)＝$19.74$(分)

(6) 式(12.15)を用いて，窓口で機械が $t=30$分$=0.5$時間以上待たなければならない確率 $P(T>t)$

$P(T>0.5) = \rho e^{-(1-\rho)\mu t} = 0.642 e^{-(1-0.642)5.455 \times 0.5} = 0.642 e^{-0.976} = 0.242$

(7) 式(12.12)を用いて，システム内に機械が4台以上ある確率は，無限数列の和の公式から，

$\sum_{n=4}^{\infty} P_n = \sum_{n=4}^{\infty} \rho^n (1-\rho) = \rho^4$

この確率を0.25以下にしたいので，

$\rho^4 \leq 0.25$

これから，$\rho' \leq \sqrt[4]{0.25} = 0.707$

システム内に機械が4台以上あるので，到着率 $\lambda'=4$ である．これを満足するサービス率 μ' は，次のように表される．

$\rho' = \lambda'/\mu' = 4/\mu' \leq 0.707$

これから，$\mu' \geq 4/0.707 = 5.658$(台/時間)

したがって，窓口に待つ機械が4台以上ある確率を0.25にするための平均サービス時間は，

平均サービス時間＝$1/\mu' = 1/5.658 = 0.177$(時間/台)＝10.604(分/台)

となる．

12.4 演習

ある税務署には，毎年度末に，所得税に対して確定申告の相談に訪れる人が多い．特に，締め切り時期を目前にして，長い待ち行列ができる．相談に来る人の待ち状況を解析すると，訪れる人の到着分布は，1時間当たり4人のポアソン分布であった．1人の相談時間は平均10分の指数分布に従っていることがわかった．このとき，待ち行列に関する次の値を求めよ．

(1) 相談窓口の空いている確率
(2) システム内にいる人の平均人数
(3) 待ち行列の平均長さ
(4) システム内での人の平均待ち時間
(5) 待ち行列での人の平均待ち時間
(6) 30分以上待たなければならない確率
(7) 窓口に待つ人が5人以上いる確率を0.2以下にするための平均サービス時間

問題から平均サービス時間 =(　　　)(分/人) である．

サービス率 μ は単位時間に1つの窓口が処理し終える客の数であり，次のように平均サービス時間の逆数で求められる．

$\mu = 1/($　　$)($人/分$) = 60/($　　$)($人/時間$) = ($　　　$)($人/時間$)$

ポアソン到着において，到着率 λ は問題から

平均到着数 λ(人/時間) =(　　　)(人/時間)

これらの値を用いて，利用率 ρ は式(12.1)から求められる．

$\rho = \lambda/\mu = ($　　　$)/($　　　$) = ($　　　$)$

(1) 式(12.11)を用いると，サービス窓口の空いている確率は，
$P_0 = 1 - \rho = 1 - ($　　　$) = ($　　　$)$

(2) 式(12.13)を用いて，システム内にいる客の平均人数 L は，
$L = \rho/(1-\rho) = ($　　　$)/(1-($　　　$)) = ($　　　$)($人$)$

(3) 式(12.14)を用いて，待ち行列の平均長さ L_q は，
$L_q = L - \rho = ($　　　$) - ($　　　$) = ($　　　$)($人$)$

(4) 式(12.7)を用いて，システム内での客の平均待ち時間 W は，
$W = L/\lambda = ($　　　$)/($　　　$) = ($　　　$)($時間$)$

(5) 式(12.8)を用いて，待ち行列での客の平均待ち時間 W_q は，
$W_q = L_q/\lambda = ($　　　$)/($　　　$) = ($　　　$)($時間$) = ($　　　$)($分$)$

(6) 式(12.15)を用いて，客が $t = 30$ 分 $= ($　　　$)$ 時間以上待たなければならない確率 $P(T>t)$ は，

$P(T>($　　$)) = \rho\, e^{-(1-\rho)\mu t} = ($　　　$)e^{-(1-($　　$))($　　$)\times($　　$)} = ($　　　$)e^{($　　$)} = ($　　　$)$

(7) 式(12.12)を用いて，システム内に客が5人以上いる確率は，

$\sum_{n=(\ )}^{\infty} P_n = \sum_{n=(\ )}^{\infty} \rho^n (1-\rho) = ($　　　$)$

この確率を 0.2 以下にしたいので，
$$\rho'^{(\ )} \leqq (\qquad)$$
これから，$\rho' \leqq (\ ) \sqrt{(\qquad)} = (\qquad)$
システム内に客が ( ) 人以上いるので，到着率 $\lambda' = (\ )$ である．これを満足するサービス率 μ' は，次のように表される．
$$\rho' = \lambda'/\mu' = (\ )/\mu' \leqq (\qquad)$$
これから，$\mu' \geqq (\ )/(\qquad) = (\qquad)$（人／時間）
したがって，窓口に待つ人が 5 人以上いる確率を 0.2 にするための平均サービス時間は，
$$\text{平均サービス時間} = 1/\mu' = 1/(\qquad) = (\qquad)（\text{時間}／\text{人}) = (\qquad)（\text{分}／\text{人})$$
となる．

12.5 課　題

1. ある会社でコピー機が 1 台設置されている．利用状況は，1 時間に 6 人のポアソン分布で利用している．サービス時間は 1 回当たり平均 5 分の指数分布に従っていることがわかった．このとき，待ち行列に関する次の値を求めよ．
(1) コピー機の空いている確率
(2) このコピー機を利用する人の平均人数
(3) 待ち行列の平均長さ
(4) システム内での人の平均待ち時間
(5) 待ち行列での人の平均待ち時間
(6) 30 分以上待たなければならない確率
(7) 窓口に待つ人が 3 人以上いる確率を 0.2 にするための平均サービス時間

2. ある学習相談室で担当者が 1 人いる．利用状況は，1 時間に 3 人のポアソン分布で学習者が来る．サービス（相談）時間は 1 回当たり平均 15 分の指数分布に従っていることがわかった．このとき，待ち行列に関する次の値を求めよ．
(1) 窓口の空いている確率
(2) この窓口を利用する学習者の平均人数
(3) 待ち行列の平均長さ
(4) 学習者がこの窓口を待つ平均時間
(5) 待ち行列での学習者の平均待ち時間
(6) 30 分以上待たなければならない確率
(7) 窓口に待つ学習者が 2 人以上いる確率を 0.3 にするための平均サービス時間

第13章 階層化意思決定法(AHP)問題

13.1 目 的

人間は社会生活をする上で，あいまいな状況の下で種々の意思決定をしている．主観的判断による意思決定において，あいまいな状況を解決する手法として，階層化意思決定法がある．この階層化意思決定法による階層構造化，一対比較行列の作成，各要素の重みの計算を経て，各代替案の総合重みを決定する方法を知る．

13.2 問題の定義

進学する希望校の選定，就職する企業の選定，住宅地の選定，などの意思決定は複雑なあるいはあいまいな状況の下での人間の主観的判断による意思決定であるといえる．企業において，購入したい立地の異なる土地を決定する場合，投資先を決定する場合，海外進出する国を決定する場合，など多くの場合に，意思決定をしなければならない．

質的な情報，すなわち，フィーリングや勘を処理できる手法，あるいはあいまいな状況を解決する手法として，**階層化意思決定法**（AHPと略す）がある．AHPはAnalytic Hierarchy Processの略であり，アメリカ合衆国Pittsburg大学のSaatyが1971年に提唱した．不確定な状況や多様な評価基準がある場合の意思決定手法である．

ある問題について意思決定する場合，まず，最終的な選択の対象となるいくつかの代替案を作成する．いくつかの評価基準に基づいて，代替案の中から最適な案を選択する．そのために，評価基準は問題と代替案の間に存在する．たとえば，ある商品を新しく開発する場合，**図13.1**のように3階層の構造になっているとする．この場合，最終目的は商品の新開発である．開発する商品を選択する評価基準は3項目あり，営業のしやすさ，客層の拡大，イメージアップであることを表している．新しく開発する商品A，B，Cをこの3項目の観点から評価して，総合的に判断して，1つの商品を決定する．

このように，新開発する商品を決定するために，AHPを利用する．AHPでは次の4段階によって，代替案の総合重要度を求める．総合重要度を用いて，望ましい案を決定する．

(1) 複雑な状況下にある問題を**階層構造に分解する**．第1階層は，総合目的である．第2階層は，いくつかの評価項目である．第3階層は，複数の代替案である．具体的な意思決定問題について，各階層は，問題，評価基準，代替案となる．ここで，第2階層の評価基準は，場合によって，1~3階層に分かれることがある．評価基準が3階層の場合，上から大項目，中項目，小項目ということになる．

(2) n個の評価項目$I_1, I_2, \cdots, I_n$があるとする．1つ上のレベルにある関係要素を評価基準にして，

その下のレベルの 2 つの**項目 i,j 間の一対比較**をする．項目 i の重要度が項目 j に比べて，同じくらい重要から極めて重要までのいずれかに決め，それらに対応して**表 13.1** に示した 1～9 の値を与える．逆の関係になった場合，1/9～1/2 の値を与える．このように一対比較して得られた値 a_{ij} を一対比較行列 A の (i,j) 要素とする．式 (13.2) のような**一対比較行列 A** ができる．一対比較行列 A は n 行 n 列の行列 $A=(a_{ij})$ となる．

(3) **一対比較行列 A の固有ベクトル w を計算**する．得られた固有ベクトル w は n 個の要素からなる．この固有ベクトル w の**各要素 w_i が，評価項目 i の重要度となる**．その重要度が $w_1, w_2, \cdots, w_n$ であるとする．

(4) 階層全体の重要度を計算し，各代替案の**総合重要度**が決定される．階層構造図が 3 階層の場合，各評価項目の重要度 w_i と代替案の重要度との積和が，その代替案の総合重要度となる．評価基準が 2 階層以上の場合，上の階層の重要度との積を求め，それにさらに代替案の重要度をかけて，該当する代替案の総合重要度を求める．

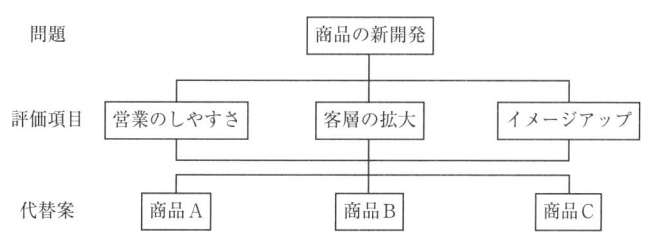

図 13.1 商品の新開発における階層構造図

表 13.1 一対比較値とその意味

一対比較値	意　味
1	両方の項目 i,j が同じくらい重要
3	前の項目 i の方が後の項目 j よりやや重要
5	前の項目 i の方が後の項目 j よりかなり重要
7	前の項目 i の方が後の項目 j より非常に重要
9	前の項目 i の方が後の項目 j より極めて重要
2, 4, 6, 8	上の数値の中間の値に使う
上の数値の逆数	後の項目 j から前の項目 i を見た場合に用いる

13.2.1　一対比較行列

一対比較行列の対称要素の間には，次のような逆数関係がある．

$$a_{ji}=1/a_{ij} \tag{13.1}$$

一対比較行列 A の対角要素は 1 である．これらの関係から行列 A の上三角行列の要素について一対比較すればよいことになる．

図 13.2 のように左側に要素 i，右側に要素 j を書いておいて，2 つの要素 i,j 間の一対比較を行う．図 13.2 の場合，新開発する商品を評価する場合，「客層の拡大」が「営業のしやすさ」よりかなり重要であるので，中央より右側の「かなり重要 (1/5)」に○印することになる．

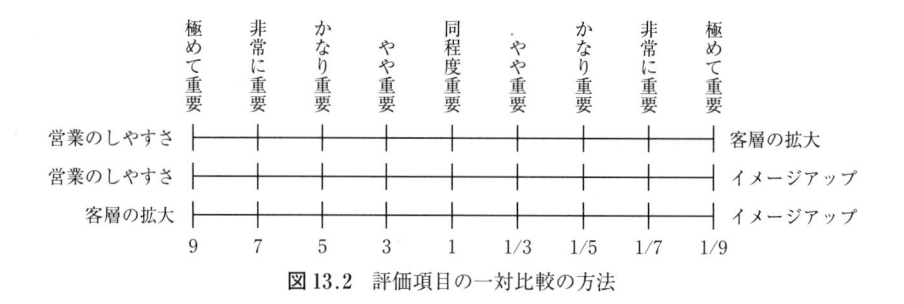

図 13.2 評価項目の一対比較の方法

このようにして求めた一対比較行列 A は次のような n 行 n 列の行列となる.

$$A = \begin{bmatrix} 1 & a_{12} & \cdots & a_{1n} \\ 1/a_{21} & 1 & \cdots & a_{2n} \\ \vdots & \vdots & \ddots & \vdots \\ 1/a_{1n} & 1/a_{2n} & \cdots & 1 \end{bmatrix} \tag{13.2}$$

13.2.2 重要度の求め方

2つの評価項目 i, j 間で一対比較した値 a_{ij} は,評価項目 i, j の重要度を w_i, w_j とすると次のように表される.

$$a_{ij} = w_i/w_j \quad i, j = 1, 2, \cdots, n \tag{13.3}$$

これを式 (13.2) の一対比較行列 A に代入すると,次式のように変形できる.

$$A = \begin{bmatrix} w_1/w_1 & w_1/w_2 & \cdots & w_1/w_n \\ w_2/w_1 & w_2/w_2 & \cdots & w_2/w_n \\ \vdots & \vdots & \ddots & \vdots \\ w_n/w_1 & w_n/w_2 & \cdots & w_n/w_n \end{bmatrix} \tag{13.4}$$

この一対比較行列 A に右から列ベクトル W をかければ,次式を得る.

$$\begin{bmatrix} w_1/w_1 & w_1/w_2 & \cdots & w_1/w_n \\ w_2/w_1 & w_2/w_2 & \cdots & w_2/w_n \\ \vdots & \vdots & \ddots & \vdots \\ w_n/w_1 & w_n/w_2 & \cdots & w_n/w_n \end{bmatrix} \begin{bmatrix} w_1 \\ w_2 \\ \vdots \\ w_n \end{bmatrix} = n \begin{bmatrix} w_1 \\ w_2 \\ \vdots \\ w_n \end{bmatrix} \tag{13.5}$$

ここで,n は行列 A の固有値であり,ベクトル W は固有値 n に対する固有ベクトルである.一般に,n 次の行列には n 個の固有値が存在する.A の要素がすべて正である場合,絶対値が最大の固有値に対する固有ベクトルの要素はすべて正である.したがって,この最大の固有値に対する固有ベクトルの要素を求める重要度 $w_i, (i=1, 2, \cdots, n)$ として採用する.

一対比較行列 A の固有ベクトルを求めて,重要度 $w_1, w_2, \cdots, w_n$ を求める方法を説明する.固有ベクトルはべき乗法 (power method) を用いて求める.この方法は,行列 A に初期ベクトル $v^{(0)}$ を乗じて $v^{(1)}$ を作り,さらに A に $v^{(1)}$ を乗じて $v^{(2)}$ を作る.このような操作を続けると,$v^{(k)}$ は次第に最大固有ベクトルに収束するという性質に基づいている.

初期ベクトル $v^{(0)}$ は一対比較行列 A から次のようにして求める.初めに一対比較行列 A の行ごとの幾何平均 v'_i を求める.

$$v'_i = \sqrt[n]{a_{i1} a_{i2} \cdots a_{in}} \tag{13.6}$$

幾何平均の和が1になるように正規化する．ただし，$V = \sum_{i=1}^{n} v'_i$ である．

$$v_1^{(0)} = v'_1 / V$$
$$\vdots \quad \vdots$$
$$v_n^{(0)} = v'_n / V$$

正規化した値が次のような初期ベクトル $\bm{v}^{(0)}$ の値となる．

$$\bm{v}^{(0)} = \begin{bmatrix} v_1^{(0)} \\ v_2^{(0)} \\ \vdots \\ v_n^{(0)} \end{bmatrix}$$

求められた $\bm{v}^{(0)}$ を一対比較行列 $\bm{A}$ に乗じて次のようにベクトル $\bm{v}^{(1)}$ を作る．

$$\bm{v}^{(1)} = \bm{A} \cdot \bm{v}^{(0)} = \begin{bmatrix} 1 & a_{12} & \cdots & a_{1n} \\ 1/a_{21} & 1 & \cdots & a_{2n} \\ \vdots & \vdots & \ddots & \vdots \\ 1/a_{1n} & 1/a_{2n} & \cdots & 1 \end{bmatrix} \begin{bmatrix} v_1^{(0)} \\ v_2^{(0)} \\ \vdots \\ v_n^{(0)} \end{bmatrix}$$

さらに，$\bm{v}^{(1)}$ を一対比較行列 $\bm{A}$ に乗じてベクトル $\bm{v}^{(2)}$ を作る．求められた固有ベクトルの各要素の差 $(v_i^{(k)} - v_i^{(k-1)})/v_i^{(k)} \leq \varepsilon \, (i=1, 2, \cdots, n)$ が成り立つまで，このような操作を繰り返す．収束条件として設定した値を ε とする．k 回目に収束して，一対比較行列 $\bm{A}$ の固有ベクトル $\bm{v}^{(k)}$ が次のように求められたとする．

$$\bm{v}^{(k)} = \begin{bmatrix} v_1^{(k)} \\ v_2^{(k)} \\ \vdots \\ v_n^{(k)} \end{bmatrix}$$

固有ベクトルの要素 $v_i^{(k)}$ が評価項目 I_i の重要度 w_i となる．したがって，評価項目 I_i の重要度 w_i は次のようになる．

$$w_i = v_i^{(k)}, \quad i = 1, 2, \cdots, n \tag{13.7}$$

13.2.3 整合度の求め方

AHP は整合度を求めることによって，一対比較の整合性を調べることができる．この値を**整合度**（consistency index）と呼び，記号 CI を用いて表す．整合度 CI は，一対比較行列の最大固有値 $\lambda_{\max}$ を用いて，次のように求めることができる．

$$\mathrm{CI} = (\lambda_{\max} - n)/(n-1) \tag{13.8}$$

ここで，n は評価項目の数である．この CI の値は一対比較行列 $\bm{A}$ が完全な整合性をもつ場合，すなわち一対比較に矛盾がなければ，CI=0 となる．それ以外の場合，CI>0 となる．整合性がとれなくなればなるほど CI の値が大きくなる．CI が大きいほど，不整合性が高いとみる．経験的に，CI≦0.1（場合によって 0.15）であれば，一対比較の値に整合性があると判定してよいといえる．

13.3 問題の解法

図13.1に示す商品の新開発についての意思決定問題を考える．開発する商品を選択する評価基準は3項目ある．評価基準の評価項目 k の重要度を $w_k(k=1,2,3)$ とする．評価項目 k から見た代替案である商品 i の重要度を $w_{ki}(i=1,\cdots,n)$ とする．

これから，最終的な代替案 i の重要度 T_i は，次のように求められる．

$$T_i = \sum_{k=1}^{3} w_k w_{ki} \quad (i=1,\cdots,n) \tag{13.9}$$

この $T_i(i=1,2,3)$ の中で最大である代替案 i が，総合的に判断すると最適であることになる．すなわち，商品 i を開発することが最適であるので，商品 i の開発を決定する．

パソコンが使える場合，一対比較行列 A の固有ベクトル w を求めて，重要度を計算する．ここでは，電卓で重要度を求める幾何平均法を説明する．これら両方法による結果は，CI=0の場合完全に一致する．しかし，一般に完全な整合性はほとんど無理であるので，両方法による重要度は少しずれる．一対比較値が式(13.4)と大きくずれていなければ，両方法による違いは大きくない．

式(13.4)と式(13.6)を用いて，第 i 行の幾何平均 g_i は，次のようになる．ここで，$n=3$ である．

$$g_i = \sqrt[n]{\frac{w_i w_i \cdots w_i}{w_1 w_2 \cdots w_n}} = \frac{w_i}{\sqrt[n]{w_1 w_2 \cdots w_n}} \quad (i=1,\cdots,n) \tag{13.10}$$

次の式によって正規化して，w_i が求められる．

$$w_i = g_i \Big/ \sum_{i=1}^{n} g_i \quad (i=1,\cdots,n) \tag{13.11}$$

一対比較行列 A に右からベクトル W をかけて得られるベクトルを V とする．式(13.5)の右辺から，ベクトル W の固有値を λ とすれば，固有ベクトル $V=\lambda W$ と考えられる．そこで，次の式で固有値を推定する．

$$\lambda = \sum_{i=1}^{n}(v_i/w_i)/n, \quad v_i = \sum_{j=1}^{n} a_{ij} w_i \tag{13.12}$$

ここで，v_i は一対比較値と幾何平均法で求めた重要度との積の和である．式(13.8)にこの λ を代入して，CIを計算する．

さて，商品A，B，Cのいずれを開発すればよいかを決定するために，具体的に各評価項目と各商品の重要度を求める手順を説明する．

(1) 商品の新開発という問題を図13.1に示すような階層構造にする．
(2) 図13.2を用いて，商品の新開発の評価基準として，3つの評価項目（営業のしやすさ，客層の拡大，イメージアップ）の2項目間の一対比較をする．その結果，表13.2のように一対比較行列が得られた．

この一対比較行列について，式(13.10)を用いる幾何平均法によって，重要度 w_i を求める．その結果，表13.2の右に示すように重要度が得られる．
(3) 一対比較行列の整合度CIの求め方を表13.3に示す．各項目の重要度を一対比較行列の要素にかけて，表13.3の中央の行列が求められる．たとえば，1行目の値は

$w_1 a_{11} = 0.105 \times 1 = 0.105$

$w_2 a_{12} = 0.637 \times 1/5 = 0.127$

表13.2 商品の新開発についての評価項目間の一対比較行列と重要度

商品の新開発	営業の しやすさ	客層の 拡大	イメージ アップ	幾何平均計算式	幾何平均値 g_i	重要度 w_i
営業のしやすさ	1	1/5	1/3	$\sqrt[3]{1 \times 1/5 \times 1/3}$	0.405	0.105
客層の拡大	5	1	3	$\sqrt[3]{5 \times 1 \times 3}$	2.466	0.637
イメージアップ	3	1/3	1	$\sqrt[3]{3 \times 1/3 \times 1}$	1.000	0.258
				合計	3.872	1.000

表13.3 商品の新開発についての一対比較行列と固有値

商品の新開発	営業の しやすさ	客層の 拡大	イメージ アップ	営業の しやすさ	客層の 拡大	イメージ アップ	横計 v_i	v_i/w_i
営業のしやすさ	1	1/5	1/3	0.105	0.127	0.086	0.318	3.039
客層の拡大	5	1	3	0.524	0.637	0.775	1.935	3.039
イメージアップ	3	1/3	1	0.314	0.212	0.258	0.785	3.039
							平均 λ	3.039

$w_3 a_{13} = 0.258 \times 1/3 = 0.086$

これから，評価項目「営業のしやすさ」について

$v_1 = w_1 a_{11} + w_2 a_{12} + w_3 a_{13}$

　　$= 0.105 + 0.127 + 0.086 = 0.318$

次に，比を求めると，

$v_1/w_1 = 0.318/0.105 = 3.039$

が求められる．同様にして，v_2, v_3 を求める．

$v_2 = w_1 a_{21} + w_2 a_{22} + w_3 a_{23} = 0.105 \times 5 + 0.637 \times 1 + 0.258 \times 3 = 1.935$

$v_3 = w_1 a_{31} + w_2 a_{32} + w_3 a_{33} = 0.105 \times 3 + 0.637 \times 1/3 + 0.258 \times 1 = 0.785$

これから比を求めると，

$v_2/w_2 = 1.935/0.637 = 3.039$

$v_3/w_3 = 0.785/0.258 = 3.039$

式(13.12)にこれらの比を代入して，表13.3の右端の平均を求めると，

$\lambda = (3.039 + 3.039 + 3.039)/3 = 3.04$

これから固有値の推定値が $\lambda = 3.04$ となる．これと $n=3$ を式(13.8)に代入して，CIを求める．

CI $= (3.04 - 3)/2 = 0.019$

これから CI < 0.1 であるので，表13.2の一対比較行列は十分整合性があるといえる．

(4) 次に，評価項目（営業のしやすさ，客層の拡大，イメージアップ）ごとに3つの商品A，B，Cの2商品 i, j 間の一対比較をする．その結果，3つの評価項目についてそれぞれ**表13.4，表13.5，表13.6**のように一対比較行列が得られる．

これから手順 (2) と同様の幾何平均法によって，重要度 w_{ki} を求める．その結果，表13.4，表13.5，表13.6の右に示すように重要度が得られる．

表13.4 営業のしやすさについての商品間の一対比較行列と重要度

営業のしやすさ	商品A	商品B	商品C	幾何平均計算式	幾何平均値	重要度w_{1i}
商品A	1	3	5	$\sqrt[3]{1\times3\times5}$	2.466	0.618
商品B	1/3	1	5	$\sqrt[3]{1/3\times1\times5}$	1.186	0.297
商品C	1/5	1/5	1	$\sqrt[3]{1/5\times1/5\times1}$	0.342	0.086
				合計	3.994	1.000

表13.5 客層の拡大についての商品間の一対比較行列と重要度

客層の拡大	商品A	商品B	商品C	幾何平均計算式	幾何平均値	重要度w_{2i}
商品A	1	2	3	$\sqrt[3]{1\times2\times3}$	1.817	0.508
商品B	1/2	1	5	$\sqrt[3]{1/2\times1\times5}$	1.357	0.379
商品C	1/3	1/5	1	$\sqrt[3]{1/3\times1/5\times1}$	0.405	0.113
				合計	3.580	1.000

表13.6 イメージアップについての商品間の一対比較行列と重要度

イメージアップ	商品A	商品B	商品C	幾何平均計算式	幾何平均値	重要度w_{3i}
商品A	1	1/5	1/2	$\sqrt[3]{1\times1/5\times1/2}$	0.464	0.106
商品B	5	1	7	$\sqrt[3]{5\times1\times7}$	3.271	0.744
商品C	2	1/7	1	$\sqrt[3]{2\times1/7\times1}$	0.659	0.150
				合計	4.394	1.000

(5) 営業のしやすさについて，整合度CIの求め方を**表13.7**に示す．評価項目についての整合度と同様にして，固有値の推定値を求める．これから固有値の推定値 $\lambda=3.136$，$n=3$ を式(13.8)に代入する．

CI=(3.136−3)/2=0.068

CI<0.1 であるので，表13.4の一対比較行列は十分整合性があるといえる．

客層の拡大について，整合度CIの求め方を**表13.8**に示す．これから固有値の推定値 $\lambda=3.163$，$n=3$ を式(13.8)に代入する．

CI=(3.163−3)/2=0.082

CI<0.1 であるので，表13.5の一対比較行列は十分整合性があるといえる．

イメージアップについて，整合度CIの求め方を**表13.9**に示す．これから固有値の推定値 $\lambda=3.119$，$n=3$ を式(13.8)に代入する．

CI=(3.119−3)/2=0.059

CI<0.1 であるので，表13.6の一対比較行列は十分整合性があるといえる．

(6) この意思決定問題は新開発する商品をA，B，Cのいずれにするかを決定することである．評価項目の重要度は表13.2に示すように決まった．各評価項目について商品A，B，Cの重要度は，それぞれ表13.4，表13.5，表13.6に示すように決まった．

商品A，B，Cの各評価項目についての重要度をまとめて，**表13.10**に示す．

式(13.9)を用いて，評価項目の重要度 w_k と各評価項目についての商品の重要度 w_{ki} との積を次のように求める．

表13.7 営業のしやすさについての一対比較行列と固有値

重要度 w_i	0.618	0.297	0.086	一対比較値と重要度との積			横計 v_i	v_i/w_i
営業のしやすさ	商品A	商品B	商品C	商品A	商品B	商品C		
商品A	1	3	5	0.618	0.891	0.428	1.936	3.136
商品B	1/3	1	5	0.206	0.297	0.428	0.931	3.136
商品C	1/5	1/5	1	0.124	0.059	0.086	0.269	3.136
							平均 λ	3.136

表13.8 客層の拡大についての一対比較行列と固有値

重要度 w_i	0.508	0.379	0.113	一対比較値と重要度との積			横計 v_i	v_i/w_i
客層の拡大	商品A	商品B	商品C	商品A	商品B	商品C		
商品A	1	2	3	0.508	0.758	0.340	1.606	3.163
商品B	1/2	1	5	0.254	0.379	0.566	1.199	3.163
商品C	1/3	1/5	1	0.169	0.076	0.113	0.358	3.163
							平均 λ	3.163

表13.9 イメージアップについての一対比較行列と固有値

重要度 w_i	0.106	0.744	0.150	一対比較値と重要度との積			横計 v_i	v_i/w_i
イメージアップ	商品A	商品B	商品C	商品A	商品B	商品C		
商品A	1	1/5	1/2	0.106	0.149	0.075	0.329	3.119
商品B	5	1	7	0.528	0.744	1.049	2.322	3.119
商品C	2	1/7	1	0.211	0.106	0.150	0.468	3.119
							平均 λ	3.119

表13.10 評価項目と代替案の重要度のまとめ

商品の新開発	営業のしやすさ	客層の拡大	イメージアップ
基準の重要度	0.105	0.637	0.258
商品A	0.618	0.508	0.106
商品B	0.297	0.379	0.744
商品C	0.086	0.113	0.150

営業のしやすさについて,商品A, B, Cの各評価項目での重要度は,式(13.9) の $\sum$ の中を求めることになり,次のように求められる.

商品Aの重要度 $= w_1 w_{11} = 0.105 \times 0.618 = 0.065$

商品Bの重要度 $= w_1 w_{12} = 0.105 \times 0.297 = 0.031$

商品Cの重要度 $= w_1 w_{13} = 0.105 \times 0.086 = 0.009$

客層の拡大について,商品A, B, Cの各評価項目での重要度は,

商品Aの重要度 $= w_2 w_{21} = 0.637 \times 0.508 = 0.323$

商品Bの重要度 $= w_2 w_{22} = 0.637 \times 0.379 = 0.241$

商品Cの重要度 $= w_2 w_{23} = 0.637 \times 0.113 = 0.072$

イメージアップについて,商品A, B, Cの各評価項目での重要度は,

商品Aの重要度 $= w_3 w_{31} = 0.258 \times 0.106 = 0.027$

商品 B の重要度 $= w_3 w_{32} = 0.258 \times 0.744 = 0.192$

商品 C の重要度 $= w_3 w_{33} = 0.258 \times 0.150 = 0.039$

商品ごとにこれらの積の和を表13.11のように求めて，各代替案 i（ここでは商品）の総合重要度 T_i を得る．その結果を表13.11の右の総合重要度に示す．これから，商品 B，A，C の順に開発する商品として検討すべきであることがわかる．

表13.11 各商品の総合重要度

商品の新開発	営業のしやすさ	客層の拡大	イメージアップ	総合重要度 T_i
商品 A	0.065	0.323	0.027	0.415
商品 B	0.031	0.241	0.192	0.465
商品 C	0.009	0.072	0.039	0.120

13.4 演習

最終学年の学生が就職を検討するために，図13.3に示す「受験する企業の決定」についての意思決定問題を考える．「企業」を選択する評価基準は 4 項目ある．企業 A，B，C のいずれを受験すればよいかを決定するために，具体的に各評価項目と各企業の重要度を求める．

(1) 受験する企業の決定という問題を図13.3に示すような階層構造にする．

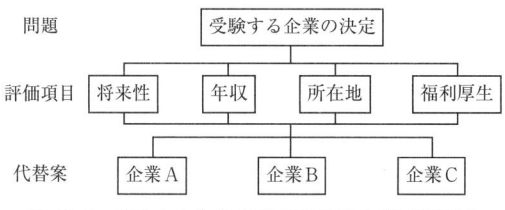

図13.3 受験する企業の決定における階層構造図

(2) 受験する企業の決定についての評価基準として，4つの評価項目（将来性，年収，所在地，福利厚生）の 2 項目間の一対比較をする．その結果，表13.12のように一対比較行列が得られたとする．

この一対比較行列について，式(13.10)を用いる幾何平均法によって，重要度 w_i を求める．その結果，表13.12の右に示すように重要度が得られる．

表13.12 受験する企業の決定についての評価項目間の一対比較行列と重要度

受験する企業の決定	将来性	年収	所在地	福利厚生	幾何平均計算式	幾何平均値 g_i	重要度 w_i
将来性	1	3	1/5	1/3			
年収	1/5	1	5	1/3			
所在地	5	1/5	1	1/5			
福利厚生	3	3	5	1			
					合計		

(3) 表 13.13 にしたがって，これの整合度 CI を求めるために，各項目の重要度を一対比較行列の要素にかけて，表 13.13 の中央の行列が求められる．たとえば，1 行目の値は

$w_1 a_{11} = (\quad) \times (\quad) = (\quad)$

$w_2 a_{12} = (\quad) \times (\quad) = (\quad)$

$w_3 a_{13} = (\quad) \times (\quad) = (\quad)$

$w_4 a_{14} = (\quad) \times (\quad) = (\quad)$

これから，

$v_1 = w_1 a_{11} + w_2 a_{12} + w_3 a_{13} + w_4 a_{14}$
$\quad = (\quad) + (\quad) + (\quad) + (\quad) = (\quad)$

次に，比を求めると，

$v_1 / w_1 = (\quad) / (\quad) = (\quad)$

が求められる．同様にして，v_2, v_3, v_4 を求める．

$v_2 = w_1 a_{21} + w_2 a_{22} + w_3 a_{23} + w_4 a_{24}$
$\quad = (\quad) \times (\quad) + (\quad) \times (\quad) + (\quad) \times (\quad) + (\quad) \times (\quad) = (\quad)$

$v_3 = w_1 a_{31} + w_2 a_{32} + w_3 a_{33} + w_4 a_{34}$
$\quad = (\quad) \times (\quad) + (\quad) \times (\quad) + (\quad) \times (\quad) + (\quad) \times (\quad) = (\quad)$

$v_4 = w_1 a_{41} + w_2 a_{42} + w_3 a_{43} + w_4 a_{44}$
$\quad = (\quad) \times (\quad) + (\quad) \times (\quad) + (\quad) \times (\quad) + (\quad) \times (\quad) = (\quad)$

これから比を求めると，

$v_2 / w_2 = (\quad) / (\quad) = (\quad)$

$v_3 / w_3 = (\quad) / (\quad) = (\quad)$

$v_4 / w_4 = (\quad) / (\quad) = (\quad)$

式 (13.12) から，この表の右端の v_i / w_i の平均が固有値の推定値 λ となるので，この表の右端の平均を求めると，

$\lambda = ((\quad) + (\quad) + (\quad) + (\quad)) / (\quad) = (\quad)$

これから固有値の推定値 $\lambda = (\quad)$ となる．これと，$n = (\quad)$ を式 (13.8) に代入する．

$\text{CI} = ((\quad) - (\quad)) / (\quad) = (\quad)$

これから CI $(\quad)$ 0.1 であるので，表 13.12 の一対比較行列は整合性が $(\quad)$ といえる．

表 13.13 受験する企業の決定についての一対比較行列と固有値

重要度 w_i					一対比較値と重要度との積					
受験する企業の決定	将来性	年収	所在地	福利厚生	将来性	年収	所在地	福利厚生	横計 v_i	v_i / w_i
将来性	1	3	1/5	1/3						
年収	1/5	1	5	1/3						
所在地	5	1/5	1	1/5						
福利厚生	3	3	5	1						
									平均 λ	

(4) 次に，評価項目（将来性，年収，所在，福利厚生）ごとに3つの企業A，B，Cの2企業間の一対比較をする．その結果，4つの評価項目についてそれぞれ**表13.14，表13.15，表13.16，表13.17**のように一対比較行列が得られた．

これから手順(2)と同様の幾何平均法によって，重要度 w_{ki} を求める．その結果，表13.14，表13.15，表13.16，表13.17の右に示すように重要度が得られる．

表13.14 将来性についての企業間の一対比較行列と重要度

将来性	企業A	企業B	企業C	幾何平均計算式	幾何平均値	重要度 w_{1i}
企業A	1	3	5			
企業B	1/3	1	3			
企業C	1/5	1/3	1			
					合計	

表13.15 年収についての企業間の一対比較行列と重要度

年収	企業A	企業B	企業C	幾何平均計算式	幾何平均値	重要度 w_{2i}
企業A	1	1	3			
企業B	1	1	2			
企業C	1/3	1/2	1			
					合計	

表13.16 所在地についての企業間の一対比較行列と重要度

所在地	企業A	企業B	企業C	幾何平均計算式	幾何平均値	重要度 w_{3i}
企業A	1	1/3	1/3			
企業B	3	1	1			
企業C	3	1	1			
					合計	

表13.17 福利厚生についての企業間の一対比較行列と重要度

福利厚生	企業A	企業B	企業C	幾何平均計算式	幾何平均値	重要度 w_{4i}
企業A	1	1/2	1/5			
企業B	2	1	1			
企業C	5	1	1			
					合計	

(5) 将来性について，整合度CIの求め方を**表13.18**に示す．この表の右端の値の平均が固有値の推定値 $\lambda=($) となる．これと，$n=($) を式(13.8)に代入する．

  CI＝(( ) − ( ))/( ) ＝ ( )

CI ( ) 0.1 であるので，表13.14の一対比較行列は整合性が ( ) といえる．

年収について，整合度CIの求め方を**表13.19**に示す．この表の右端の値の平均が固有値の推定値 $\lambda=($) となる．これと，$n=($) を式(13.8)に代入する．

  CI＝(( ) − ( ))/( ) ＝ ( )

CI（　）0.1であるので，表 13.15 の一対比較行列は整合性が（　　　）といえる．

所在地について，整合度 CI の求め方を**表 13.20** に示す．この表の右端の値の平均が固有値の推定値 $\lambda=$（　　）となる．これと，$n=$（　）を式(13.8)に代入する．

$\quad$ CI＝((　　　) − (　　))/(　) ＝ (　　　)

CI（　）0.1であるので，表 13.16 の一対比較行列は整合性が（　　　）といえる．

福利厚生について，整合度 CI の求め方を**表 13.21** に示す．この表の右端の値の平均が固有値の推定値 $\lambda=$（　　）となる．これと，$n=$（　）を式(13.8)に代入する．

$\quad$ CI＝((　　　) − (　　))/(　) ＝ (　　　)

CI（　）0.1であるので，表 13.17 の一対比較行列は整合性が（　　　）といえる．

表 13.18　将来性についての一対比較行列と固有値

将来性	重要度 w_i			一対比較値と重要度との積			横計 v_i	v_i/w_i
	企業A	企業B	企業C	企業A	企業B	企業C		
企業A	1	3	5					
企業B	1/3	1	3					
企業C	1/5	1/3	1					
							平均	

表 13.19　年収についての一対比較行列と固有値

年収	重要度 w_i			一対比較値と重要度との積			横計 v_i	v_i/w_i
	企業A	企業B	企業C	企業A	企業B	企業C		
企業A	1	1	3					
企業B	1	1	2					
企業C	1/3	1/2	1					
							平均	

表 13.20　所在地についての一対比較行列と固有値

地域	重要度 w_i			一対比較値と重要度との積			横計 v_i	v_i/w_i
	企業A	企業B	企業C	企業A	企業B	企業C		
企業A	1	1/3	1/3					
企業B	3	1	1					
企業C	3	1	1					
							平均	

表 13.21　福利厚生についての一対比較行列と固有値

福利厚生	重要度 w_i			一対比較値と重要度との積			横計 v_i	v_i/w_i
	企業A	企業B	企業C	企業A	企業B	企業C		
企業A	1	1/2	1/5					
企業B	2	1	1					
企業C	5	1	1					
							平均	

(6) この意思決定問題は企業 A，B，C のいずれの企業を受験するかを決定することである．各評価項目について企業 A，B，C の重要度は，それぞれ表 13.14，表 13.15，表 13.16，表 13.17 に示すように決まった．それらをまとめると，評価項目の重要度は**表 13.22** に示すようになる．

式 (13.9) を用いて，評価項目の重要度 w_k と各評価項目についての企業の重要度 w_{ki} との積を次のように求める．

将来性について，企業 A，B，C の各評価項目での重要度は，

　　企業 A の重要度＝$w_1 w_{11}$＝(　　　)×(　　　　)＝(　　　　)

　　企業 B の重要度＝$w_1 w_{12}$＝(　　　)×(　　　　)＝(　　　　)

　　企業 C の重要度＝$w_1 w_{13}$＝(　　　)×(　　　　)＝(　　　　)

年収について，企業 A，B，C の各評価項目での重要度は，

　　企業 A の重要度＝$w_2 w_{21}$＝(　　　)×(　　　　)＝(　　　　)

　　企業 B の重要度＝$w_2 w_{22}$＝(　　　)×(　　　　)＝(　　　　)

　　企業 C の重要度＝$w_2 w_{23}$＝(　　　)×(　　　　)＝(　　　　)

地域について，企業 A，B，C の各評価項目での重要度は，

　　企業 A の重要度＝$w_3 w_{31}$＝(　　　)×(　　　　)＝(　　　　)

　　企業 B の重要度＝$w_3 w_{32}$＝(　　　)×(　　　　)＝(　　　　)

　　企業 C の重要度＝$w_3 w_{33}$＝(　　　)×(　　　　)＝(　　　　)

福利厚生について，企業 A，B，C の各評価項目での重要度は，

　　企業 A の重要度＝$w_4 w_{41}$＝(　　　)×(　　　　)＝(　　　　)

　　企業 B の重要度＝$w_4 w_{42}$＝(　　　)×(　　　　)＝(　　　　)

　　企業 C の重要度＝$w_4 w_{43}$＝(　　　)×(　　　　)＝(　　　　)

表 13.22　評価項目と代替案の重要度まとめ

受験する企業決定	将来性	年収	所在地	福利厚生
基準の重要度				
企業 A				
企業 B				
企業 C				
合計				

企業ごとにこれらの積の和を**表 13.23** のように求めて，各代替案 i（ここでは企業）の総合重要度 T_i を得る．その結果を表 13.23 の右の総合重要度に示す．これから，企業 (　)，(　)，(　) の順に企業を受験すればよいことがわかる．

表 13.23　各企業の総合重要度

受験する企業決定	将来性	年収	所在地	福利厚生	総合重要度 T_i
企業 A					
企業 B					
企業 C					

13.5 課題

1. 夏休みに行きたい旅行先を決めたいとして，図 13.4 に示す「旅行先の決定」についての意思決定問題を考える．「旅行先」を選択する評価基準は 3 項目ある．旅行先をいずれにすればよいかを決定するために，評価項目間の一対比較をした結果を表 13.24 に示す．その評価基準の重要度を求めよ．費用，設備，楽しさについての行き先の一対比較をした結果を表 13.25，表 13.26，表 13.27 に示す．その旅行先の重要度を求めよ．各一対比較行列から，それらの整合度を求めて，整合性を確認せよ．その後，各旅行先の総合重要度を求め，旅行先の優先度を決定せよ．整合度 CI＜0.1 が満たされない場合，整合性が認められるように一対比較値を直して求めよ．

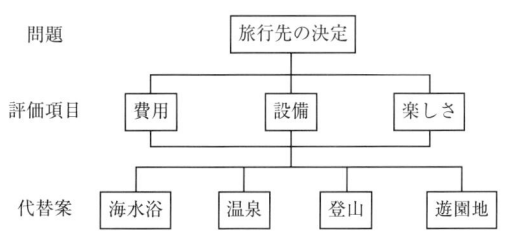

図 13.4 旅行先の決定における階層構造図

表 13.24 旅行先の決定についての評価項目間の一対比較行列

旅行先の決定	費用	設備	楽しさ
費用	1	5	7
設備	1/5	1	5
楽しさ	1/7	1/5	1

表 13.25 費用についての行き先間の一対比較行列

費用	海水浴	温泉	登山	遊園地
海水浴	1	3	5	7
温泉	1/3	1	3	5
登山	1/5	1/3	1	3
遊園地	1/7	1/5	1/3	1

表 13.26 設備についての行き先間の一対比較行列

設備	海水浴	温泉	登山	遊園地
海水浴	1	5	9	7
温泉	1/5	1	5	3
登山	1/9	1/5	1	1/3
遊園地	1/7	1/3	3	1

表 13.27 楽しさについての行き先間の一対比較行列

楽しさ	海水浴	温泉	登山	遊園地
海水浴	1	3	5	1/3
温泉	1/3	1	3	1/5
登山	1/5	1/3	1	1/7
遊園地	3	5	7	1

2. ある学級の児童の描いた3作品のいずれかを展覧会に出品したい．出品する作品を決めるために，図 13.5 に示す「絵画作品の評価」について考える．「絵画作品」を決定する評価基準は図に示す4項目ある．作品のいずれを出品すればよいかを決定するために，評価項目間の一対比較をした結果を表 13.28 に示す．その評価基準の重要度を求めよ．評価基準の方法，内容，表現態度，心情的効果についての作品間の一対比較をした結果を表 13.29, 表 13.30, 表 13.31, 表 13.32 に示す．その作品の重要度を求めよ．各一対比較行列から，それらの整合度を求めて，整合性を確認せよ．その後，各作品の総合重要度を求め，作品の優先度を決定せよ．整合度 CI＜0.1 が満たされない場合，整合性が認められるように一対比較値を直して求めよ．

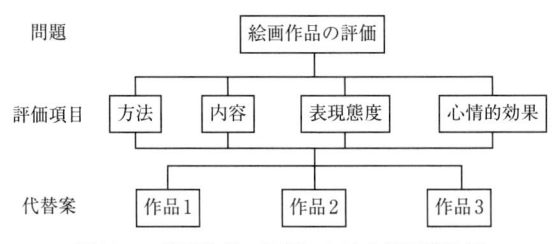

図 13.5 絵画作品の評価における階層構造図

表 13.28 絵画作品の評価についての評価項目間の一対比較行列

絵画作品の評価	方法	内容	表現態度	心情的効果
方法	1	3	5	7
内容	1/3	1	5	7
表現態度	1/5	1/5	1	3
心情的効果	1/7	1/7	1/3	1

表 13.29 方法についての作品間の一対比較行列

方法	作品1	作品2	作品3
作品1	1	7	3
作品2	1/7	1	1/5
作品3	1/3	5	1

表 13.30 内容についての作品間の一対比較行列

内容	作品1	作品2	作品3
作品1	1	3	2
作品2	1/3	1	1/2
作品3	1/2	2	1

表 13.31 表現態度についての作品間の一対比較行列

表現態度	作品1	作品2	作品3
作品1	1	1/2	1/2
作品2	2	1	1
作品3	2	1	1

表 13.32 心情的効果についての作品間の一対比較行列

心情的効果	作品1	作品2	作品3
作品1	1	1/5	1/2
作品2	5	1	7
作品3	2	1/7	1

第14章　階層構造化モデル（ISM）問題

14.1　目　的

　人間の頭の中に不明確ないろいろな要素間の相互関係を構造化して，多階層のグラフとして表す方法にはいくつかある．その中で，要素間の部分的なメンタルモデルを徐々に構造化して，多階層有向グラフとして表す方法として，ISM手法を知る．

14.2　問題の定義

　授業内容は多くの教授項目からなる．それらの間の関係は複雑である．教授項目の理解のしやすい順を考えたり，授業時間数が変化したり，カリキュラムが変更されたりするような場合に，それらの間の関係を明確にする必要が生じる．教科の学習項目の間の関係は多階層で表され，その間にはある学習項目を学習前に先行して学習しておく必要のある項目や，平行して学習可能な項目がある．これらの関係を構造化して，階層化し，教授項目関連図で表すと，教科の内容の全体像を理解することができる．

　企業や機関の部署や係などの組織の間の関係も複雑で，どのような関係があるのかを知るためには，その組織の部や係の間の部分的な関係を構造化して，階層化し，組織関連図で表すと，理解しやすくなる．この組織構造図が企業の組織の風通しをよくすることに貢献するであろう．

　地球温暖化問題に関係した要因も多岐で，複雑にからみ合っている．それらの要因の間の関係を構造化して，階層化して，地球温暖化関連要因図を示すことによって，多くの国の多くの人々が理解して，この困難な問題に取り組むことができると思われる．

　このように，いろいろな要素間の相互関係を多階層有向グラフとして図示し，示唆に富んだ**構造モデル**を創造する手法として，**ISM手法**（Interpretive Structural Modeling）やDematel法（Decision Making and Evaluation Laboratory）がある．人間の頭の中に存在する要素間の部分的な関係を行列で与えて，構造化して，階層化したグラフを得る．それを見て要素間の部分的な関係を追加したり，変更することを繰り返して，メンタルモデルを構造化して，階層化して表す．

　ブレーンストーミング（brain storming）という他人の意見を批判しないというルールの下で，多くの人の知恵をできるだけ多く集める．得られた内容をKJ法で項目ごとに整理し，その項目間の関係をISM手法で構造化し，結果を視覚的に示し，問題を明確にする．また，一般に意思決定が重視される問題は複雑で大規模になることが多い．取り扱いやすい大きさにこのような問題を階層化し，各階層での小問題を分析した方が能率的である．このような場合にもISM手法が適用できる．ISM手法はアメリカ合衆国Battele研究所のWalfieldが1973年に提案したものである．このISM手法は，人間の持つ直感や経験判断の矛盾点を修正し，問題をより客観的に明確にするこ

とができる．

ISM手法は次の4段階から成り立っている．
(1) ブレーンストーミングで解決したい問題に関連すると思われる**要素を抽出**する．
(2) 要素iが要素jに関係があれば対応する関係行列の要素を1，そうでなければ0として**関係行列を作る**．
(3) 関係行列のべき乗から**可到達行列を求める**．
(4) 可到達集合と先行集合を求め，**各レベルの要素を決定**する．

ISMを適用する場合，関連する要素の間の関係は最初はとりあえず分かるものだけを関係があるかどうかの2値（0，1）で与えて，関係行列を作る．それから階層構造図を求め，その階層構造図を見て，現実と矛盾している個所やおかしい個所についての関係を訂正したり追加して新しい関係行列を作る．このような操作を納得のいく**階層構造図**が得られるまで繰り返す．

14.3 問題の解法

数学の学習項目の間の関係は多階層で表され，その間にはある学習項目を学習する前に先行して学習しておかないといけない項目や，平行して学習可能な項目がある．例として，教科書を見て，数学の一部である7個の学習項目を**表14.1**のように列挙した．

この学習項目間の関係について，階層化し，有向グラフで表して，学習項目の間の関係を理解することにする．そのために，学習項目iが項目jに先だって学習する必要があるかどうかを一対比較した．学習項目iが項目jに先だって学習する必要がある場合1，そうでない場合0として，関係行列$E=(e_{ij})$を作る．この例の場合，表14.2のような関係行列が得られた．

表14.1 数学の学習項目

番号	要素の内容
1	指数関数
2	対数関数
3	数列
4	場合の数
5	数列の極限
6	関数の極限
7	導関数

表14.2 関係行列E

要素	1	2	3	4	5	6	7
1	0	1	1	1	0	0	0
2	0	0	0	0	0	1	0
3	0	0	0	0	1	0	0
4	0	0	0	0	1	0	0
5	0	0	0	0	0	1	0
6	0	0	0	0	0	0	1
7	0	0	0	0	0	0	0

$e_{ij}=1$の場合，学習項目iを学習した後に学習項目jを学習するという関係がある．そのとき，学習項目jは学習項目iから到達可能であるという．これは学習項目iを先に学習してから学習項目jを学習するという関係があることを意味している．その意味において，すべての学習項目について学習項目iから項目iに到達可能であるとみなせる．そこで，

$$e_{ii}=1 \quad (i=1,2,\cdots,n) \tag{14.1}$$

として，対角要素をすべて1とする．これを関係行列に追加すると，**表14.3**のようになり，これを可到達行列$N=(n_{ij})$という．これは1本以内の矢線で先に学習する関係を示しており，1本以内の矢線で到達できる学習項目がわかる．

この可到達行列Nのn乗は，それぞれn本以内の矢線で関係のある学習項目を示しており，n本以内の矢線で到達できる学習項目を示した可到達行列である．$N^K=N^{K+1}$になるまで，Nのべき乗を計算する．K回目に収束して可到達行列が求まったとする．その可到達行列を$N^*=(n^*_{ij})$で

表 14.3　最初の可到達行列

項目	1	2	3	4	5	6	7
1	1	1	1	1	0	0	0
2	0	1	0	0	0	1	0
3	0	0	1	0	1	0	0
4	0	0	0	1	1	0	0
5	0	0	0	0	1	1	0
6	0	0	0	0	0	1	1
7	0	0	0	0	0	0	1

表す．n を学習項目の数として，$K \leqq n$ であり，K は学習項目の数 n より小さい．この計算の途中においても，学習項目 i を先に学習してから学習項目 j を学習するという関係があるかないかを $n_{ij}=0$ or 1 で表す．したがって，可到達行列の積は，通常の行列の積と同じように各要素の値を求めた後で，その積和が 1 以上ならば 1 とし，そうでなければ 0 になるようにする．すなわち，可到達行列の 2 乗の i, j 要素 $n^{(2)}{}_{ij}$ の値は，次のように求められる．

$$n^{(2)}{}_{ij} = \min\left(\sum_{k=1}^{n} n_{ik} n_{kj}, 1\right) \tag{14.2}$$

1 行目の要素として，$n^{(2)}{}_{1j}(j=1, 2, \cdots, 7)$ を求めると次のようになる．

$n^{(2)}{}_{11} = \min(n_{11}n_{11}+n_{12}n_{21}+n_{13}n_{31}+n_{14}n_{41}+n_{15}n_{51}+n_{16}n_{61}+n_{17}n_{71}, 1)$
$\quad = \min(1 \cdot 1 + 1 \cdot 0 + 1 \cdot 0 + 1 \cdot 0 + 0 \cdot 0 + 0 \cdot 0 + 0 \cdot 0, 1) = 1$

$n^{(2)}{}_{12} = \min(n_{11}n_{12}+n_{12}n_{22}+n_{13}n_{32}+n_{14}n_{42}+n_{15}n_{52}+n_{16}n_{62}+n_{17}n_{72}, 1)$
$\quad = \min(1 \cdot 1 + 1 \cdot 1 + 1 \cdot 0 + 1 \cdot 0 + 0 \cdot 0 + 0 \cdot 0 + 0 \cdot 0, 1) = 1$

$n^{(2)}{}_{13} = \min(n_{11}n_{13}+n_{12}n_{23}+n_{13}n_{33}+n_{14}n_{43}+n_{15}n_{53}+n_{16}n_{63}+n_{17}n_{73}, 1)$
$\quad = \min(1 \cdot 1 + 1 \cdot 0 + 1 \cdot 1 + 1 \cdot 0 + 0 \cdot 0 + 0 \cdot 0 + 0 \cdot 0, 1) = 1$

$n^{(2)}{}_{14} = \min(n_{11}n_{14}+n_{12}n_{24}+n_{13}n_{34}+n_{14}n_{44}+n_{15}n_{54}+n_{16}n_{64}+n_{17}n_{74}, 1)$
$\quad = \min(1 \cdot 1 + 1 \cdot 0 + 1 \cdot 0 + 1 \cdot 1 + 0 \cdot 0 + 0 \cdot 0 + 0 \cdot 0, 1) = 1$

$n^{(2)}{}_{15} = \min(n_{11}n_{15}+n_{12}n_{25}+n_{13}n_{35}+n_{14}n_{45}+n_{15}n_{55}+n_{16}n_{65}+n_{17}n_{75}, 1)$
$\quad = \min(1 \cdot 0 + 1 \cdot 0 + 1 \cdot 1 + 1 \cdot 1 + 0 \cdot 1 + 0 \cdot 0 + 0 \cdot 0, 1) = 1$

$n^{(2)}{}_{16} = \min(n_{11}n_{16}+n_{12}n_{26}+n_{13}n_{36}+n_{14}n_{46}+n_{15}n_{56}+n_{16}n_{66}+n_{17}n_{76}, 1)$
$\quad = \min(1 \cdot 0 + 1 \cdot 1 + 1 \cdot 0 + 1 \cdot 0 + 0 \cdot 1 + 0 \cdot 1 + 0 \cdot 0, 1) = 1$

$n^{(2)}{}_{17} = \min(n_{11}n_{17}+n_{12}n_{27}+n_{13}n_{37}+n_{14}n_{47}+n_{15}n_{57}+n_{16}n_{67}+n_{17}n_{77}, 1)$
$\quad = \min(1 \cdot 0 + 1 \cdot 0 + 1 \cdot 0 + 1 \cdot 0 + 0 \cdot 0 + 0 \cdot 1 + 0 \cdot 1, 1) = 0$

この結果を**表 14.4** の 1 行目に書く．同様にして，$i=2$ 行目の要素として，$n^{(2)}{}_{2j}(j=1, 2, \cdots, 7)$ を次のように求める．

$n^{(2)}{}_{21} = \min(n_{21}n_{11}+n_{22}n_{21}+n_{23}n_{31}+n_{24}n_{41}+n_{25}n_{51}+n_{26}n_{61}+n_{27}n_{71}, 1) = 0$

$n^{(2)}{}_{22} = \min(n_{21}n_{12}+n_{22}n_{22}+n_{23}n_{32}+n_{24}n_{42}+n_{25}n_{52}+n_{26}n_{62}+n_{27}n_{72}, 1) = 1$

$n^{(2)}{}_{23} = \min(n_{21}n_{13}+n_{22}n_{23}+n_{23}n_{33}+n_{24}n_{43}+n_{25}n_{53}+n_{26}n_{63}+n_{27}n_{73}, 1) = 0$

$n^{(2)}{}_{24} = \min(n_{21}n_{14}+n_{22}n_{24}+n_{23}n_{34}+n_{24}n_{44}+n_{25}n_{54}+n_{26}n_{64}+n_{27}n_{74}, 1) = 0$

$n^{(2)}{}_{25} = \min(n_{21}n_{15}+n_{22}n_{25}+n_{23}n_{35}+n_{24}n_{45}+n_{25}n_{55}+n_{26}n_{65}+n_{27}n_{75}, 1) = 0$

$n^{(2)}{}_{26} = \min(n_{21}n_{16}+n_{22}n_{26}+n_{23}n_{36}+n_{24}n_{46}+n_{25}n_{56}+n_{26}n_{66}+n_{27}n_{76}, 1) = 1$

$n^{(2)}{}_{27} = \min(n_{21}n_{17}+n_{22}n_{27}+n_{23}n_{37}+n_{24}n_{47}+n_{25}n_{57}+n_{26}n_{67}+n_{27}n_{77}, 1) = 1$

表14.4 2乗した可到達行列

項目	1	2	3	4	5	6	7
1	1	1	1	1	1	1	0
2	0	1	0	0	0	1	1
3	0	0	1	0	1	1	0
4	0	0	0	1	1	1	0
5	0	0	0	0	1	1	1
6	0	0	0	0	0	1	1
7	0	0	0	0	0	0	1

表14.5 3乗した可到達行列

項目	1	2	3	4	5	6	7
1	1	1	1	1	1	1	1
2	0	1	0	0	0	1	1
3	0	0	1	0	1	1	1
4	0	0	0	1	1	1	1
5	0	0	0	0	1	1	1
6	0	0	0	0	0	1	1
7	0	0	0	0	0	0	1

この結果を表14.4の2行目に書く．同様にして，3, …, 7行目の要素について，$n^{(2)}{}_{ij}(i=3, …, 7; j=1, 2, …, 7)$を求める．

2乗した可到達行列を表14.4に示す．表14.3と表14.4の可到達行列を比較すると，異なっている．3乗の可到達行列は，表14.4の2乗した可到達行列と表14.3の可到達行列との積によって求められる．3乗の可到達行列のi, j要素$n^{(3)}{}_{ij}$の値は，次のように求められる．

$$n^{(3)}{}_{ij} = \min\left(\sum_{k=1}^{n} n^{(2)}{}_{ik} n_{kj}, 1\right)$$

3乗した可到達行列を表14.5に示す．表14.4と表14.5の可到達行列を比較すると，異なっている．表14.5の3乗した可到達行列と表14.3の可到達行列との積によって4乗の可到達行列を求める．4乗の可到達行列のi, j要素$n^{(4)}{}_{ij}$の値は，次のように求められる．

$$n^{(4)}{}_{ij} = \min\left(\sum_{k=1}^{n} n^{(3)}{}_{ik} n_{kj}, 1\right)$$

4乗した可到達行列を**表14.6**に示す．表14.5と表14.6の可到達行列を比較すると，同じ行列である．この場合，$k=4$で収束し，表14.6が**可到達行列** N^*である．

最終の可到達行列N^*から，各学習項目iに対して，次のような**可到達集合** R_iと**先行集合** A_iを求める．

$$R_i = \{j \mid n^*{}_{ij} = 1\} \tag{14.3}$$

$$A_i = \{j \mid n^*{}_{ji} = 1\} \tag{14.4}$$

可到達集合R_iはi行を見て，"1"である列jを列挙したものである．この場合，表14.7の左に可到達集合を示す．可到達集合R_iは，学習項目i自身および学習項目iを学習した後に学習するすべての学習項目jの集合である．

たとえば，表14.6の1行で，1である列$j(n^*{}_{1j}=1)$は，$\{1,2,3,4,5,6,7\}$である．したがって，$R_1=\{1,2,3,4,5,6,7\}$となる．

次に，$i=2$行について，1である列jの集合を求めて，$R_2=\{2,6,7\}$とする．同様にして，$i=3, …, 7$行について，1である列jの集合を求めて，$R_3, …, R_7$とする．これを**表14.7**に書く．

また，先行集合A_iはi列を見て，"1"である行jを列挙する．この場合，表14.7の中央に先行集合を示す．先行集合A_iは，学習項目i自身および学習項目iの前に学習すべきすべての学習項目jの集合である．たとえば，表14.6の第1列で，1であるj行 $(n^*{}_{j1}=1)$は，$\{1\}$である．したがって，$A_1=\{1\}$となる．

次に，$i=2$列について，$A_2=\{j \mid n^*{}_{j2}=1\}$を求めると，$A_2=\{1,2\}$である．同様にして，$i=3, …, 7$列について，$A_i=\{j \mid n^*{}_{ji}=1\}$を求めて，表14.7に示す．

表 14.6　最終の可到達行列 N^*

項目	1	2	3	4	5	6	7
1	1	1	1	1	1	1	1
2	0	1	0	0	0	1	1
3	0	0	1	0	1	1	1
4	0	0	0	1	1	1	1
5	0	0	0	0	1	1	1
6	0	0	0	0	0	1	1
7	0	0	0	0	0	0	1

表 14.7　可到達集合と先行集合

番号	可到達集合 R_i	先行集合 A_i	共通集合 $R_i \cap A_i$
1	1, 2, 3, 4, 5, 6, 7	1	1
2	2, 6, 7	1, 2	2
3	3, 5, 6, 7	1, 3	3
4	4, 5, 6, 7	1, 4	4
5	5, 6, 7	1, 3, 4, 5	5
6	6, 7	1, 2, 3, 4, 5, 6	6
7	7	1, 2, 3, 4, 5, 6, 7	7

続いて，$i=1, 2, \cdots, 7$ について共通集合 $R_i \cap A_i$ を求めて，表 14.7 の右端の列に書く．

次に各学習項目の階層構造におけるレベルを決定するために，可到達集合と先行集合によって，次のような関係にある学習項目 k の集合 G_i を順次求める．

$$G_i = \{k \mid R_i \cap A_i = A_i\} \tag{14.5}$$

レベル $i=1$ において，$G_1 = \{k \mid R_1 \cap A_1 = A_1\}$ である学習項目の集合 G_1 は，

$\quad G_1 = \{1\}$

である．レベル 1 の学習項目は 1 の 1 個だけである．次に，この学習項目 1 を表 14.7 から削除する．その結果，**表 14.8** ができる．

レベル 2 において，$G_2 = \{k \mid R_2 \cap A_2 = A_2\}$ である学習項目の集合 G_2 は，次のように求められる．

$\quad G_2 = \{2, 3, 4\}$

レベル 2 の学習項目は 2, 3, 4 の 3 個である．次に，この学習項目 2, 3, 4 を表 14.8 から削除する．その結果，**表 14.9** ができる．

表 14.8　第 1 レベルの要素を除いた可到達集合と先行集合

番号	可到達集合 R_i	先行集合 A_i	共通集合 $R_i \cap A_i$
2	2, 6, 7	2	2
3	3, 5, 6, 7	3	3
4	4, 5, 6, 7	4	4
5	5, 6, 7	3, 4, 5	5
6	6, 7	2, 3, 4, 5, 6	6
7	7	2, 3, 4, 5, 6, 7	7

表 14.9　第 2 レベルの要素を除いた可到達集合と先行集合

番号	可到達集合 R_i	先行集合 A_i	共通集合 $R_i \cap A_i$
5	5, 6, 7	5	5
6	6, 7	5, 6	6
7	7	5, 6, 7	7

レベル 3 において，$G_3 = \{k \mid R_3 \cap A_3 = A_3\}$ である学習項目の集合 G_3 は，次のように求められる．

$\quad G_3 = \{5\}$

レベル 3 の学習項目は 5 の 1 個である．次に，この学習項目を表 14.9 から削除する．その結果，**表 14.10** ができる．

レベル 4 において，$G_4 = \{k \mid R_4 \cap A_4 = A_4\}$ である学習項目の集合 G_4 は，次のように求められる．

$\quad G_4 = \{6\}$

レベル 4 の学習項目は 6 の 1 個である．次に，この学習項目を表 14.10 から削除して，**表 14.11** ができる．

表 14.10 第 3 レベルの要素を除いた可到達集合と先行集合

番号	可到達集合 R_i	先行集合 A_i	共通集合 $R_i \cap A_i$
6	6, 7	6	6
7	7	6, 7	7

表 14.11 第 4 レベルの要素を除いた可到達集合と先行集合

番号	可到達集合 R_i	先行集合 A_i	共通集合 $R_i \cap A_i$
7	7	7	7

レベル 5 において，$G_5 = \{k \mid R_5 \cap A_5 = A_5\}$ である学習項目の集合 G_5 は，次のように求められる．

$G_5 = \{7\}$

レベル 5 の学習項目は 7 である．これですべての学習項目についてレベルが決まった．これから，表 14.2 の関係行列の階層構造のレベルは，5 水準となる．

次に，表 14.6 の最終の可到達行列において上位のレベルの学習項目が右上に来るように行と列を並び替えて，表 14.12 を得る．いまの例では，レベルごとに並び替えた可到達行列は，表 14.6 と同じである．

この行列の各行 i について，$n^*_{ii} = 1$ とし，その行の要素に最も近い上位レベルの可到達行列の要素 $n^*_{ij} = 1$ を残す．それより上位のレベルの要素をすべて 0 にする．すなわち，対角要素より右の要素 $j (= i+1, \cdots, n)$ の中で最初に 1 である同じレベルの要素をすべてそのままにし，それより上位で右にある要素の値をすべて 0 にする．この操作によって，次の要素が 0 になる．

$n_{15} = n_{16} = n_{17} = 0$
$n_{27} = 0$
$n_{36} = n_{37} = 0$
$n_{46} = n_{47} = 0$
$n_{57} = 0$

これから，表 14.13 のような**構造化行列**を得る．その結合関係から，直接隣接する学習項目を求める．たとえば，構造化行列の 1 行目が 1 である要素 $n_{12} = n_{13} = n_{14} = 1$ から，学習項目 1 は，学習項目 2, 3, 4 の直接先要学習項目であることを示している．次に，2 行目が 1 である要素 $n_{26} = 1$ は，学習項目 2 が，学習項目 6 の直接先要学習項目であることを示している．3, 4, 5, 6 行目についても同じように，各行 i について要素が $n_{ij} = 1$ である列の学習項目 j の直接先要学習項目がその行の学習項目 i であることを示している．その結果を表 14.14 のように整理する．

これから図 14.1 のように左側にレベル 1〜5 を書き，その右に集合 G_i をレベル $i (= 1, 2, \cdots, 5)$ の順に図 14.1 のように下から上に階層的に学習項目を並べる．次に，表 14.14 を参照して，直接

表 14.12 並び替えた可到達行列

項目	1	2	3	4	5	6	7
1	1	1	1	1	1	1	1
2	0	1	0	0	0	1	1
3	0	0	1	0	1	1	1
4	0	0	0	1	1	1	1
5	0	0	0	0	1	1	1
6	0	0	0	0	0	1	1
7	0	0	0	0	0	0	1

表 14.13 構造化行列

項目	1	2	3	4	5	6	7
1	1	1	1	1	0	0	0
2	0	1	0	0	0	1	0
3	0	0	1	0	1	0	0
4	0	0	0	1	1	0	0
5	0	0	0	0	1	1	0
6	0	0	0	0	0	1	1
7	0	0	0	0	0	0	1

先要学習項目から該当する学習項目へ実線を引く．その結果，図14.1の階層構造図が描ける．

表14.14 直接隣接する先要学習項目

レベル	学習項目	直接先要学習項目
1	1	
2	2	1
	3	1
	4	1
3	5	3, 4
4	6	2, 5
5	7	6

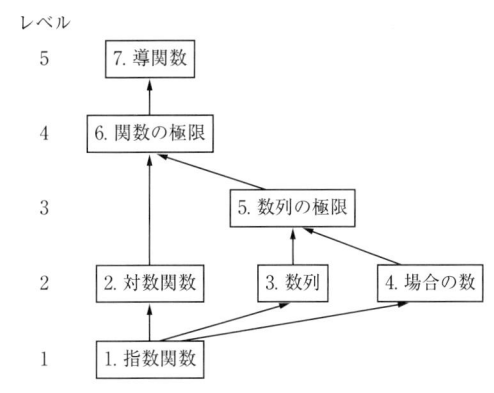

図14.1 数学の学習項目についての階層構造図

14.4 演 習

木造住宅を建設する作業の間の関係は多階層で表され，その間には着工順序があり，ある作業をする前に先行して着工しておかないといけない作業や，平行して着工可能な作業がある．木造住宅を建設する作業の一部を**表14.15**に示す．

この作業の内容間の関係について，階層化し，有向グラフで表して，作業の内容の間の関係を知るために，作業の内容 i が内容 j に先だって着工する必要があるかどうかを一対比較する．作業の内容 i が内容 j に先だって着工する必要がある場合1，そうでない場合0として，関係行列 E を作る．この場合，**表14.16**のような関係行列が得られた．これから木造住宅を建設する作業の間の関係について，階層化グラフを描け．

表14.15 木造住宅建設における作業

番号	作業内容
1	基礎・土台作り
2	棟・柱の準備
3	家屋組み立て
4	瓦ふき
5	床面仕上げ
6	下水工事
7	庭の整備

表14.16 関係行列 E

作業	1	2	3	4	5	6	7
1	0	1	1	0	0	1	0
2	0	0	1	1	0	0	0
3	0	0	0	1	1	0	0
4	0	0	0	0	1	0	0
5	0	0	0	0	0	0	0
6	0	0	0	0	0	0	1
7	0	0	0	0	1	0	0

すべての作業の内容は自分自身から自分自身に到達可能であるとみなせるので，対角要素をすべて1とする．その結果，1本以内の矢線で到達できる作業の内容を表す最初の可到達行列 N が**表14.17**のように得られる．

表14.17の可到達行列 N と N をかけて，2乗した可到達行列 $N=(n^{(2)}{}_{ij})$ を求めるために，次のように可到達行列の各要素を計算する．可到達行列の2乗の i, j 要素 $n^{(2)}{}_{ij}$ の値は，次のように求められる．

$$n^{(2)}{}_{ij} = \min\left(\sum_{k=1}^{n} n_{ik} n_{kj}, 1\right)$$

表 14.17　最初の可到達行列

作業	1	2	3	4	5	6	7
1							
2							
3							
4							
5							
6							
7							

計算用の最終の可到達行列

作業	1	2	3	4	5	6	7
1							
2							
3							
4							
5							
6							
7							

1 行目の要素として，$n^{(2)}_{1j}(j=1, 2, \cdots, 7)$ を次のように求める．

$n^{(2)}_{11} = \min(n_{11}n_{11} + n_{12}n_{21} + n_{13}n_{31} + n_{14}n_{41} + n_{15}n_{51} + n_{16}n_{61} + n_{17}n_{71}, 1)$
$= \min((\ )(\ )+(\ )(\ )+(\ )(\ )+(\ )(\ )+(\ )(\ )+(\ )(\ )+(\ )(\ ), 1) = (\ )$

$n^{(2)}_{12} = \min(n_{11}n_{12} + n_{12}n_{22} + n_{13}n_{32} + n_{14}n_{42} + n_{15}n_{52} + n_{16}n_{62} + n_{17}n_{72}, 1)$
$= \min((\ )(\ )+(\ )(\ )+(\ )(\ )+(\ )(\ )+(\ )(\ )+(\ )(\ )+(\ )(\ ), 1) = (\ )$

$n^{(2)}_{13} = \min(n_{11}n_{13} + n_{12}n_{23} + n_{13}n_{33} + n_{14}n_{43} + n_{15}n_{53} + n_{16}n_{63} + n_{17}n_{73}, 1)$
$= \min((\ )(\ )+(\ )(\ )+(\ )(\ )+(\ )(\ )+(\ )(\ )+(\ )(\ )+(\ )(\ ), 1) = (\ )$

$n^{(2)}_{14} = \min(n_{11}n_{14} + n_{12}n_{24} + n_{13}n_{34} + n_{14}n_{44} + n_{15}n_{54} + n_{16}n_{64} + n_{17}n_{74}, 1)$
$= \min((\ )(\ )+(\ )(\ )+(\ )(\ )+(\ )(\ )+(\ )(\ )+(\ )(\ )+(\ )(\ ), 1) = (\ )$

$n^{(2)}_{15} = \min(n_{11}n_{15} + n_{12}n_{25} + n_{13}n_{35} + n_{14}n_{45} + n_{15}n_{55} + n_{16}n_{65} + n_{17}n_{75}, 1)$
$= \min((\ )(\ )+(\ )(\ )+(\ )(\ )+(\ )(\ )+(\ )(\ )+(\ )(\ )+(\ )(\ ), 1) = (\ )$

$n^{(2)}_{16} = \min(n_{11}n_{16} + n_{12}n_{26} + n_{13}n_{36} + n_{14}n_{46} + n_{15}n_{56} + n_{16}n_{66} + n_{17}n_{76}, 1)$
$= \min((\ )(\ )+(\ )(\ )+(\ )(\ )+(\ )(\ )+(\ )(\ )+(\ )(\ )+(\ )(\ ), 1) = (\ )$

$n^{(2)}_{17} = \min(n_{11}n_{17} + n_{12}n_{27} + n_{13}n_{37} + n_{14}n_{47} + n_{15}n_{57} + n_{16}n_{67} + n_{17}n_{77}, 1)$
$= \min((\ )(\ )+(\ )(\ )+(\ )(\ )+(\ )(\ )+(\ )(\ )+(\ )(\ )+(\ )(\ ), 1) = (\ )$

この結果を**表 14.18** の 1 行目に書く．同様にして，$i=2$ 行目の要素として，$n^{(2)}_{2j}(j=1, 2, \cdots, 7)$ を次のように求める．

$n^{(2)}_{21} = \min(n_{21}n_{11} + n_{22}n_{21} + n_{23}n_{31} + n_{24}n_{41} + n_{25}n_{51} + n_{26}n_{61} + n_{27}n_{71}, 1)$
$= \min((\quad)+(\quad)+(\quad)+(\quad)+(\quad)+(\quad)+(\quad), 1) = (\ )$

$n^{(2)}_{22} = \min(n_{21}n_{12} + n_{22}n_{22} + n_{23}n_{32} + n_{24}n_{42} + n_{25}n_{52} + n_{26}n_{62} + n_{27}n_{72}, 1)$
$= \min((\quad)+(\quad)+(\quad)+(\quad)+(\quad)+(\quad)+(\quad), 1) = (\ )$

$n^{(2)}_{23} = \min(n_{21}n_{13} + n_{22}n_{23} + n_{23}n_{33} + n_{24}n_{43} + n_{25}n_{53} + n_{26}n_{63} + n_{27}n_{73}, 1)$
$= \min((\quad)+(\quad)+(\quad)+(\quad)+(\quad)+(\quad)+(\quad), 1) = (\ )$

$n^{(2)}_{24} = \min(n_{21}n_{14} + n_{22}n_{24} + n_{23}n_{34} + n_{24}n_{44} + n_{25}n_{54} + n_{26}n_{64} + n_{27}n_{74}, 1)$
$= \min((\quad)+(\quad)+(\quad)+(\quad)+(\quad)+(\quad)+(\quad), 1) = (\ )$

$n^{(2)}_{25} = \min(n_{21}n_{15} + n_{22}n_{25} + n_{23}n_{35} + n_{24}n_{45} + n_{25}n_{55} + n_{26}n_{65} + n_{27}n_{75}, 1)$
$= \min((\quad)+(\quad)+(\quad)+(\quad)+(\quad)+(\quad)+(\quad), 1) = (\ )$

$n^{(2)}_{26} = \min(n_{21}n_{16} + n_{22}n_{26} + n_{23}n_{36} + n_{24}n_{46} + n_{25}n_{56} + n_{26}n_{66} + n_{27}n_{76}, 1)$
$= \min((\quad)+(\quad)+(\quad)+(\quad)+(\quad)+(\quad)+(\quad), 1) = (\ )$

$n^{(2)}_{27} = \min(n_{21}n_{17} + n_{22}n_{27} + n_{23}n_{37} + n_{24}n_{47} + n_{25}n_{57} + n_{26}n_{67} + n_{27}n_{77}, 1)$

$$= \min((\quad)+(\quad)+(\quad)+(\quad)+(\quad)+(\quad)+(\quad), 1) = (\quad)$$

この結果を表 14.18 の 2 行目に書く．同様にして，$i=3$ 行目の要素として，$n^{(2)}{}_{3j}(j=1,2,\cdots,7)$ を次のように求める．

$n^{(2)}{}_{31} = \min((\quad)+(\quad)+(\quad)+(\quad)+(\quad)+(\quad)+(\quad), 1) = (\quad)$

$n^{(2)}{}_{32} = \min((\quad)+(\quad)+(\quad)+(\quad)+(\quad)+(\quad)+(\quad), 1) = (\quad)$

$n^{(2)}{}_{33} = \min((\quad)+(\quad)+(\quad)+(\quad)+(\quad)+(\quad)+(\quad), 1) = (\quad)$

$n^{(2)}{}_{34} = \min((\quad)+(\quad)+(\quad)+(\quad)+(\quad)+(\quad)+(\quad), 1) = (\quad)$

$n^{(2)}{}_{35} = \min((\quad)+(\quad)+(\quad)+(\quad)+(\quad)+(\quad)+(\quad), 1) = (\quad)$

$n^{(2)}{}_{36} = \min((\quad)+(\quad)+(\quad)+(\quad)+(\quad)+(\quad)+(\quad), 1) = (\quad)$

$n^{(2)}{}_{37} = \min((\quad)+(\quad)+(\quad)+(\quad)+(\quad)+(\quad)+(\quad), 1) = (\quad)$

この結果を表 14.18 の 3 行目に書く．同様にして，$i=4$ 行目の要素として，$n^{(2)}{}_{4j}(j=1,2,\cdots,7)$ を次のように求める．

$n^{(2)}{}_{41} = \min((\quad)+(\quad)+(\quad)+(\quad)+(\quad)+(\quad)+(\quad), 1) = (\quad)$

$n^{(2)}{}_{42} = \min((\quad)+(\quad)+(\quad)+(\quad)+(\quad)+(\quad)+(\quad), 1) = (\quad)$

$n^{(2)}{}_{43} = \min((\quad)+(\quad)+(\quad)+(\quad)+(\quad)+(\quad)+(\quad), 1) = (\quad)$

$n^{(2)}{}_{44} = \min((\quad)+(\quad)+(\quad)+(\quad)+(\quad)+(\quad)+(\quad), 1) = (\quad)$

$n^{(2)}{}_{45} = \min((\quad)+(\quad)+(\quad)+(\quad)+(\quad)+(\quad)+(\quad), 1) = (\quad)$

$n^{(2)}{}_{46} = \min((\quad)+(\quad)+(\quad)+(\quad)+(\quad)+(\quad)+(\quad), 1) = (\quad)$

$n^{(2)}{}_{47} = \min((\quad)+(\quad)+(\quad)+(\quad)+(\quad)+(\quad)+(\quad), 1) = (\quad)$

この結果を表 14.18 の 4 行目に書く．同様にして，$i=5$ 行目の要素として，$n^{(2)}{}_{5j}(j=1,2,\cdots,7)$ を次のように求める．

$n^{(2)}{}_{51} = \min((\quad)+(\quad)+(\quad)+(\quad)+(\quad)+(\quad)+(\quad), 1) = (\quad)$

$n^{(2)}{}_{52} = \min((\quad)+(\quad)+(\quad)+(\quad)+(\quad)+(\quad)+(\quad), 1) = (\quad)$

$n^{(2)}{}_{53} = \min((\quad)+(\quad)+(\quad)+(\quad)+(\quad)+(\quad)+(\quad), 1) = (\quad)$

$n^{(2)}{}_{54} = \min((\quad)+(\quad)+(\quad)+(\quad)+(\quad)+(\quad)+(\quad), 1) = (\quad)$

$n^{(2)}{}_{55} = \min((\quad)+(\quad)+(\quad)+(\quad)+(\quad)+(\quad)+(\quad), 1) = (\quad)$

$n^{(2)}{}_{56} = \min((\quad)+(\quad)+(\quad)+(\quad)+(\quad)+(\quad)+(\quad), 1) = (\quad)$

$n^{(2)}{}_{57} = \min((\quad)+(\quad)+(\quad)+(\quad)+(\quad)+(\quad)+(\quad), 1) = (\quad)$

この結果を表 14.18 の 5 行目に書く．同様にして，$i=6$ 行目の要素として，$n^{(2)}{}_{6j}(j=1,2,\cdots,7)$ を次のように求める．

$n^{(2)}{}_{61} = \min((\quad)+(\quad)+(\quad)+(\quad)+(\quad)+(\quad)+(\quad), 1) = (\quad)$

$n^{(2)}{}_{62} = \min((\quad)+(\quad)+(\quad)+(\quad)+(\quad)+(\quad)+(\quad), 1) = (\quad)$

$n^{(2)}{}_{63} = \min((\quad)+(\quad)+(\quad)+(\quad)+(\quad)+(\quad)+(\quad), 1) = (\quad)$

$n^{(2)}{}_{64} = \min((\quad)+(\quad)+(\quad)+(\quad)+(\quad)+(\quad)+(\quad), 1) = (\quad)$

$n^{(2)}{}_{65} = \min((\quad)+(\quad)+(\quad)+(\quad)+(\quad)+(\quad)+(\quad), 1) = (\quad)$

$n^{(2)}{}_{66} = \min((\quad)+(\quad)+(\quad)+(\quad)+(\quad)+(\quad)+(\quad), 1) = (\quad)$

$n^{(2)}{}_{67} = \min((\quad)+(\quad)+(\quad)+(\quad)+(\quad)+(\quad)+(\quad), 1) = (\quad)$

この結果を表14.18の6行目に書く．同様にして，$i=7$行目の要素として，$n^{(2)}{}_{7j}(j=1,2,\cdots,7)$ を次のように求める．

$n^{(2)}{}_{71}=\min((\quad)+(\quad)+(\quad)+(\quad)+(\quad)+(\quad)+(\quad),1)=(\quad)$

$n^{(2)}{}_{72}=\min((\quad)+(\quad)+(\quad)+(\quad)+(\quad)+(\quad)+(\quad),1)=(\quad)$

$n^{(2)}{}_{73}=\min((\quad)+(\quad)+(\quad)+(\quad)+(\quad)+(\quad)+(\quad),1)=(\quad)$

$n^{(2)}{}_{74}=\min((\quad)+(\quad)+(\quad)+(\quad)+(\quad)+(\quad)+(\quad),1)=(\quad)$

$n^{(2)}{}_{75}=\min((\quad)+(\quad)+(\quad)+(\quad)+(\quad)+(\quad)+(\quad),1)=(\quad)$

$n^{(2)}{}_{76}=\min((\quad)+(\quad)+(\quad)+(\quad)+(\quad)+(\quad)+(\quad),1)=(\quad)$

$n^{(2)}{}_{77}=\min((\quad)+(\quad)+(\quad)+(\quad)+(\quad)+(\quad)+(\quad),1)=(\quad)$

この結果を表14.18の7行目に書く．その結果として，2乗した可到達行列 N を表14.18に示す．

表14.18　2乗した可到達行列

作業	1	2	3	4	5	6	7
1							
2							
3							
4							
5							
6							
7							

次に，表14.18の2乗した可到達行列と表14.17の可到達行列との積によって，3乗の可到達行列を求める．3乗の可到達行列の i,j 要素 $n^{(3)}{}_{ij}$ の値は，次のように求められる．

$$n^{(3)}{}_{ij}=\min\left(\sum_{k=1}^{n} n^{(2)}{}_{ik} n_{kj}, 1\right)$$

1行目の要素として，$n^{(3)}{}_{1j}(j=1,2,\cdots,7)$ を次のように求める．

$n^{(3)}{}_{11}=\min(n^{(2)}{}_{11}n_{11}+n^{(2)}{}_{12}n_{21}+n^{(2)}{}_{13}n_{31}+n^{(2)}{}_{14}n_{41}+n^{(2)}{}_{15}n_{51}+n^{(2)}{}_{16}n_{61}+n^{(2)}{}_{17}n_{71},1)$
$\quad =\min((\quad)+(\quad)+(\quad)+(\quad)+(\quad)+(\quad)+(\quad),1)=(\quad)$

$n^{(3)}{}_{12}=\min(n^{(2)}{}_{11}n_{12}+n^{(2)}{}_{12}n_{22}+n^{(2)}{}_{13}n_{32}+n^{(2)}{}_{14}n_{42}+n^{(2)}{}_{15}n_{52}+n^{(2)}{}_{16}n_{62}+n^{(2)}{}_{17}n_{72},1)$
$\quad =\min((\quad)+(\quad)+(\quad)+(\quad)+(\quad)+(\quad)+(\quad),1)=(\quad)$

$n^{(3)}{}_{13}=\min(n^{(2)}{}_{11}n_{13}+n^{(2)}{}_{12}n_{23}+n^{(2)}{}_{13}n_{33}+n^{(2)}{}_{14}n_{43}+n^{(2)}{}_{15}n_{53}+n^{(2)}{}_{16}n_{63}+n^{(2)}{}_{17}n_{73},1)$
$\quad =\min((\quad)+(\quad)+(\quad)+(\quad)+(\quad)+(\quad)+(\quad),1)=(\quad)$

$n^{(3)}{}_{14}=\min(n^{(2)}{}_{11}n_{14}+n^{(2)}{}_{12}n_{24}+n^{(2)}{}_{13}n_{34}+n^{(2)}{}_{14}n_{44}+n^{(2)}{}_{15}n_{54}+n^{(2)}{}_{16}n_{64}+n^{(2)}{}_{17}n_{74},1)$
$\quad =\min((\quad)+(\quad)+(\quad)+(\quad)+(\quad)+(\quad)+(\quad),1)=(\quad)$

$n^{(3)}{}_{15}=\min(n^{(2)}{}_{11}n_{15}+n^{(2)}{}_{12}n_{25}+n^{(2)}{}_{13}n_{35}+n^{(2)}{}_{14}n_{45}+n^{(2)}{}_{15}n_{55}+n^{(2)}{}_{16}n_{65}+n^{(2)}{}_{17}n_{75},1)$
$\quad =\min((\quad)+(\quad)+(\quad)+(\quad)+(\quad)+(\quad)+(\quad),1)=(\quad)$

$n^{(3)}{}_{16}=\min(n^{(2)}{}_{11}n_{16}+n^{(2)}{}_{12}n_{26}+n^{(2)}{}_{13}n_{36}+n^{(2)}{}_{14}n_{46}+n^{(2)}{}_{15}n_{56}+n^{(2)}{}_{16}n_{66}+n^{(2)}{}_{17}n_{76},1)$
$\quad =\min((\quad)+(\quad)+(\quad)+(\quad)+(\quad)+(\quad)+(\quad),1)=(\quad)$

$n^{(3)}{}_{17}=\min(n^{(2)}{}_{11}n_{17}+n^{(2)}{}_{12}n_{27}+n^{(2)}{}_{13}n_{37}+n^{(2)}{}_{14}n_{47}+n^{(2)}{}_{15}n_{57}+n^{(2)}{}_{16}n_{67}+n^{(2)}{}_{17}n_{77},1)$
$\quad =\min((\quad)+(\quad)+(\quad)+(\quad)+(\quad)+(\quad)+(\quad),1)=(\quad)$

この結果を**表14.19**の1行目に書く．同様にして，$i=2$行目の要素として，$n^{(3)}{}_{2j}(j=1,2,\cdots,7)$

を次のように求める.

$$n^{(3)}{}_{21} = \min(n^{(2)}{}_{21}n_{11} + n^{(2)}{}_{22}n_{21} + n^{(2)}{}_{23}n_{31} + n^{(2)}{}_{24}n_{41} + n^{(2)}{}_{25}n_{51} + n^{(2)}{}_{26}n_{61} + n^{(2)}{}_{27}n_{71}, 1)$$
$$= \min((\quad) + (\quad) + (\quad) + (\quad) + (\quad) + (\quad) + (\quad), 1) = (\quad)$$

$$n^{(3)}{}_{22} = \min(n^{(2)}{}_{21}n_{12} + n^{(2)}{}_{22}n_{22} + n^{(2)}{}_{23}n_{32} + n^{(2)}{}_{24}n_{42} + n^{(2)}{}_{25}n_{52} + n^{(2)}{}_{26}n_{62} + n^{(2)}{}_{27}n_{72}, 1)$$
$$= \min((\quad) + (\quad) + (\quad) + (\quad) + (\quad) + (\quad) + (\quad), 1) = (\quad)$$

$$n^{(3)}{}_{23} = \min(n^{(2)}{}_{21}n_{13} + n^{(2)}{}_{22}n_{23} + n^{(2)}{}_{23}n_{33} + n^{(2)}{}_{24}n_{43} + n^{(2)}{}_{25}n_{53} + n^{(2)}{}_{26}n_{63} + n^{(2)}{}_{27}n_{73}, 1)$$
$$= \min((\quad) + (\quad) + (\quad) + (\quad) + (\quad) + (\quad) + (\quad), 1) = (\quad)$$

$$n^{(3)}{}_{24} = \min(n^{(2)}{}_{21}n_{14} + n^{(2)}{}_{22}n_{24} + n^{(2)}{}_{23}n_{34} + n^{(2)}{}_{24}n_{44} + n^{(2)}{}_{25}n_{54} + n^{(2)}{}_{26}n_{64} + n^{(2)}{}_{27}n_{74}, 1)$$
$$= \min((\quad) + (\quad) + (\quad) + (\quad) + (\quad) + (\quad) + (\quad), 1) = (\quad)$$

$$n^{(3)}{}_{25} = \min(n^{(2)}{}_{21}n_{15} + n^{(2)}{}_{22}n_{25} + n^{(2)}{}_{23}n_{35} + n^{(2)}{}_{24}n_{45} + n^{(2)}{}_{25}n_{55} + n^{(2)}{}_{26}n_{65} + n^{(2)}{}_{27}n_{75}, 1)$$
$$= \min((\quad) + (\quad) + (\quad) + (\quad) + (\quad) + (\quad) + (\quad), 1) = (\quad)$$

$$n^{(3)}{}_{26} = \min(n^{(2)}{}_{21}n_{16} + n^{(2)}{}_{22}n_{26} + n^{(2)}{}_{23}n_{36} + n^{(2)}{}_{24}n_{46} + n^{(2)}{}_{25}n_{56} + n^{(2)}{}_{26}n_{66} + n^{(2)}{}_{27}n_{76}, 1)$$
$$= \min((\quad) + (\quad) + (\quad) + (\quad) + (\quad) + (\quad) + (\quad), 1) = (\quad)$$

$$n^{(3)}{}_{27} = \min(n^{(2)}{}_{21}n_{17} + n^{(2)}{}_{22}n_{27} + n^{(2)}{}_{23}n_{37} + n^{(2)}{}_{24}n_{47} + n^{(2)}{}_{25}n_{57} + n^{(2)}{}_{26}n_{67} + n^{(2)}{}_{27}n_{77}, 1)$$
$$= \min((\quad) + (\quad) + (\quad) + (\quad) + (\quad) + (\quad) + (\quad), 1) = (\quad)$$

この結果を表 14.19 の 2 行目に書く. 同様にして, $i=3$ 行目の要素として, $n^{(3)}{}_{3j}(j=1,2,\cdots,7)$ を次のように求める.

$$n^{(3)}{}_{31} = \min((\quad) + (\quad) + (\quad) + (\quad) + (\quad) + (\quad) + (\quad), 1) = (\quad)$$
$$n^{(3)}{}_{32} = \min((\quad) + (\quad) + (\quad) + (\quad) + (\quad) + (\quad) + (\quad), 1) = (\quad)$$
$$n^{(3)}{}_{33} = \min((\quad) + (\quad) + (\quad) + (\quad) + (\quad) + (\quad) + (\quad), 1) = (\quad)$$
$$n^{(3)}{}_{34} = \min((\quad) + (\quad) + (\quad) + (\quad) + (\quad) + (\quad) + (\quad), 1) = (\quad)$$
$$n^{(3)}{}_{35} = \min((\quad) + (\quad) + (\quad) + (\quad) + (\quad) + (\quad) + (\quad), 1) = (\quad)$$
$$n^{(3)}{}_{36} = \min((\quad) + (\quad) + (\quad) + (\quad) + (\quad) + (\quad) + (\quad), 1) = (\quad)$$
$$n^{(3)}{}_{37} = \min((\quad) + (\quad) + (\quad) + (\quad) + (\quad) + (\quad) + (\quad), 1) = (\quad)$$

この結果を表 14.19 の 3 行目に書く. 同様にして, $i=4$ 行目の要素として, $n^{(3)}{}_{4j}(j=1,2,\cdots,7)$ を次のように求める.

$$n^{(3)}{}_{41} = \min((\quad) + (\quad) + (\quad) + (\quad) + (\quad) + (\quad) + (\quad), 1) = (\quad)$$
$$n^{(3)}{}_{42} = \min((\quad) + (\quad) + (\quad) + (\quad) + (\quad) + (\quad) + (\quad), 1) = (\quad)$$
$$n^{(3)}{}_{43} = \min((\quad) + (\quad) + (\quad) + (\quad) + (\quad) + (\quad) + (\quad), 1) = (\quad)$$
$$n^{(3)}{}_{44} = \min((\quad) + (\quad) + (\quad) + (\quad) + (\quad) + (\quad) + (\quad), 1) = (\quad)$$
$$n^{(3)}{}_{45} = \min((\quad) + (\quad) + (\quad) + (\quad) + (\quad) + (\quad) + (\quad), 1) = (\quad)$$
$$n^{(3)}{}_{46} = \min((\quad) + (\quad) + (\quad) + (\quad) + (\quad) + (\quad) + (\quad), 1) = (\quad)$$
$$n^{(3)}{}_{47} = \min((\quad) + (\quad) + (\quad) + (\quad) + (\quad) + (\quad) + (\quad), 1) = (\quad)$$

この結果を表 14.19 の 4 行目に書く. 同様にして, $i=5$ 行目の要素として, $n^{(3)}{}_{5j}(j=1,2,\cdots,7)$ を次のように求める.

$$n^{(3)}{}_{51} = \min((\quad) + (\quad) + (\quad) + (\quad) + (\quad) + (\quad) + (\quad), 1) = (\quad)$$
$$n^{(3)}{}_{52} = \min((\quad) + (\quad) + (\quad) + (\quad) + (\quad) + (\quad) + (\quad), 1) = (\quad)$$

第14章 階層構造化モデル（ISM）問題

$n^{(3)}{}_{53}=\min((\quad)+(\quad)+(\quad)+(\quad)+(\quad)+(\quad)+(\quad),1)=(\quad)$

$n^{(3)}{}_{54}=\min((\quad)+(\quad)+(\quad)+(\quad)+(\quad)+(\quad)+(\quad),1)=(\quad)$

$n^{(3)}{}_{55}=\min((\quad)+(\quad)+(\quad)+(\quad)+(\quad)+(\quad)+(\quad),1)=(\quad)$

$n^{(3)}{}_{56}=\min((\quad)+(\quad)+(\quad)+(\quad)+(\quad)+(\quad)+(\quad),1)=(\quad)$

$n^{(3)}{}_{57}=\min((\quad)+(\quad)+(\quad)+(\quad)+(\quad)+(\quad)+(\quad),1)=(\quad)$

この結果を表14.19の5行目に書く．同様にして，$i=6$ 行目の要素として，$n^{(3)}{}_{6j}(j=1,2,\cdots,7)$ を次のように求める．

$n^{(3)}{}_{61}=\min((\quad)+(\quad)+(\quad)+(\quad)+(\quad)+(\quad)+(\quad),1)=(\quad)$

$n^{(3)}{}_{62}=\min((\quad)+(\quad)+(\quad)+(\quad)+(\quad)+(\quad)+(\quad),1)=(\quad)$

$n^{(3)}{}_{63}=\min((\quad)+(\quad)+(\quad)+(\quad)+(\quad)+(\quad)+(\quad),1)=(\quad)$

$n^{(3)}{}_{64}=\min((\quad)+(\quad)+(\quad)+(\quad)+(\quad)+(\quad)+(\quad),1)=(\quad)$

$n^{(3)}{}_{65}=\min((\quad)+(\quad)+(\quad)+(\quad)+(\quad)+(\quad)+(\quad),1)=(\quad)$

$n^{(3)}{}_{66}=\min((\quad)+(\quad)+(\quad)+(\quad)+(\quad)+(\quad)+(\quad),1)=(\quad)$

$n^{(3)}{}_{67}=\min((\quad)+(\quad)+(\quad)+(\quad)+(\quad)+(\quad)+(\quad),1)=(\quad)$

この結果を表14.19の6行目に書く．同様にして，$i=7$ 行目の要素として，$n^{(3)}{}_{7j}(j=1,2,\cdots,7)$ を次のように求める．

$n^{(3)}{}_{71}=\min((\quad)+(\quad)+(\quad)+(\quad)+(\quad)+(\quad)+(\quad),1)=(\quad)$

$n^{(3)}{}_{72}=\min((\quad)+(\quad)+(\quad)+(\quad)+(\quad)+(\quad)+(\quad),1)=(\quad)$

$n^{(3)}{}_{73}=\min((\quad)+(\quad)+(\quad)+(\quad)+(\quad)+(\quad)+(\quad),1)=(\quad)$

$n^{(3)}{}_{74}=\min((\quad)+(\quad)+(\quad)+(\quad)+(\quad)+(\quad)+(\quad),1)=(\quad)$

$n^{(3)}{}_{75}=\min((\quad)+(\quad)+(\quad)+(\quad)+(\quad)+(\quad)+(\quad),1)=(\quad)$

$n^{(3)}{}_{76}=\min((\quad)+(\quad)+(\quad)+(\quad)+(\quad)+(\quad)+(\quad),1)=(\quad)$

$n^{(3)}{}_{77}=\min((\quad)+(\quad)+(\quad)+(\quad)+(\quad)+(\quad)+(\quad),1)=(\quad)$

この結果を表14.19の7行目に書く．これらの結果として表14.19に示すように，3乗した可到達行列 N を得る．これを表14.18と比較すると，（　　）行列である．この場合，$k=(\quad)$ で収束し，表14.19が最終の可到達行列 N^* である．

表14.19 最終の可到達行列 N^*

作業	1	2	3	4	5	6	7
1							
2							
3							
4							
5							
6							
7							

表14.19の i 行 $(i=1,2,\cdots,7)$ で，1である列 j を列挙して，可到達集合 $R_i=\{j\,|\,n^*{}_{ij}=1\}$ を求める．第1行で，1である列 $j(n^*{}_{1j}=1)$ は，$\{\qquad\}$ である．したがって，$R_1=\{\qquad\}$ となる．

次に，$i=2$ 行について，1である列 j の集合を求めると，$R_2=\{\qquad\}$ である．同様にし

て，$i=3,\cdots,7$ 行について，1 である列 j の集合を求めて，$R_3,\cdots,R_7$ とする．これらの可到達集合を求めて，**表 14.20** に示す．

次に，表 14.19 の i 列で，1 である行 j を列挙して，先行集合 $A_i=\{j|n^*_{ji}=1\}$ を求める．表 14.19 の第 1 列で，1 である j 行 $(n^*_{j1}=1)$ は，{   } である．したがって，$A_1=\{$ $\}$ となる．

次に，$i=2$ 列について，$A_2=\{j|n^*_{j2}=1\}$ を求めると，$A_2=\{$ $\}$ である．同様にして，$i=3,\cdots,7$ 列について，$A_j=\{j|n^*_{ji}=1\}$ を求めて，表 14.20 に示す．

続いて，$i=1,2,\cdots,7$ について共通集合 $R_i\cap A_i$ を求めて，表 14.20 の右端の列に記入する．

表 14.20 可到達集合と先行集合

番号	可到達集合 R_i	先行集合 A_i	共通集合 $R_i\cap A_i$
1			
2			
3			
4			
5			
6			
7			

可到達集合と先行集合によって，$G_i=\{k|R_i\cap A_i=A_i\}$ のような関係にある作業の集合 G_i を以下のように順次求めて，各作業の階層構造におけるレベルを決定する．

レベル $i=1$ において，$G_1=\{k|R_1\cap A_1=A_1\}$ である作業の集合 G_1 は，

　　$G_1=\{$ $\}$

である．レベル 1 の作業を表 14.20 から削除して，**表 14.21** を得る．

表 14.21 第 1 レベルの作業を除いた可到達集合と先行集合

番号	可到達集合 R_i	先行集合 A_i	共通集合 $R_i\cap A_i$

レベル 2 において，$G_2=\{k|R_2\cap A_2=A_2\}$ である作業の集合 G_2 は，次のように求められる．

　　$G_2=\{$ $\}$

レベル 2 の作業を表 14.21 から削除して，**表 14.22** を得る．

レベル 3 において，$G_3=\{k|R_3\cap A_3=A_3\}$ である作業の集合 G_3 は，次のように求められる．

　　$G_3=\{$ $\}$

レベル 3 の作業を表 14.22 から削除して，**表 14.23** を得る．

表 14.22 第 2 レベルの作業を除いた可到達集合と先行集合

番号	可到達集合 R_i	先行集合 A_i	共通集合 $R_i \cap A_i$

表 14.23 第 3 レベルの作業を除いた可到達集合と先行集合

番号	可到達集合 R_i	先行集合 A_i	共通集合 $R_i \cap A_i$

レベル 4 において，$G_4 = \{k | R_4 \cap A_4 = A_4\}$ である作業の集合 G_4 は，次のように求められる．

$G_4 = \{\qquad\}$

レベル 4 の作業を表 14.23 から削除して，**表 14.24** を得る．

表 14.24 第 4 レベルの作業を除いた可到達集合と先行集合

番号	可到達集合 R_i	先行集合 A_i	共通集合 $R_i \cap A_i$

レベル 5 において，$G_5 = \{k | R_5 \cap A_5 = A_5\}$ である作業の集合 G_5 は，次のように求められる．

$G_5 = \{\qquad\}$

これですべての作業の内容についてレベルが決まった．これから，表 14.16 の関係行列の階層構造のレベルは，（　）水準となる．

次に，表 14.19 の最終の可到達行列において上位のレベルの作業が右上に来るように行と列を並び替えて，**表 14.25** を得る．

表 14.25 レベルごとに並び替えた可到達行列

作業						

この行列の各行 i について，$n^*_{ii}=1$ とし，その行の要素に最も近い上位レベルの可到達行列の要素 $n^*_{ij}=1$ を残す．それより上位のレベルの要素をすべて 0 にする．すなわち，対角要素より右の要素 $j(=i+1, \cdots, n)$ の中で最初に 1 である同じレベルの要素をすべてをそのままにし，それより上位で右にある要素の値をすべて 0 にする．その操作によって，次の要素が 0 になる．

$n_{1(\ \ )} = n_{1(\ \ )} = 0$
$n_{2(\ \ )} = n_{2(\ \ )} = 0$
$n_{3(\ \ )} = n_{3(\ \ )} = 0$
$n_{4(\ \ )} = n_{4(\ \ )} = 0$
$n_{5(\ \ )} = n_{5(\ \ )} = 0$

これから，表 14.26 のような構造化行列を得る．その結合関係から，直接隣接する作業を求める．その結果を表 14.27 のように整理する．

これから図 14.2 のように左側にレベル 1～5 を書き，その右に集合 G_i の作業をレベル $i(=1, 2, \cdots, 5)$ の順に図 14.2 のように下から上に階層的に並べる．次に，表 14.27 に基づいて，直接先行する作業から続いて行う作業へ実線を引く．その結果，図 14.2 の階層構造図が描ける．

表 14.26　構造化行列

作業						

表 14.27　直接隣接する先行作業

レベル	作業	直接先行する作業
1		

レベル
5

4

3

2

1

図 14.2　木造住宅を建設する作業についての階層構造図

14.5 課題

1. 小学校で学習する分数の一部の学習項目には**表 14.28** のようなものがある．この分数の学習項目間の関係について，**表 14.29** のような関係行列が得られた．これから分数の学習項目の間の関係について，階層化グラフを描け．

表 14.28 分数の学習項目

番号	学習項目
1	分数への導入
2	真分数
3	数直線
4	同分母の真分数の大小
5	帯分数
6	仮分数
7	分数の大小

表 14.29 分数の学習項目についての関係行列

項目	1	2	3	4	5	6	7
1	0	1	0	0	0	1	0
2	0	0	1	1	0	1	0
3	0	1	0	0	0	1	1
4	0	0	0	0	1	0	0
5	0	0	0	0	0	0	1
6	0	0	0	0	0	0	1
7	0	0	0	0	0	0	0

2. 新製品開発における作業の一部を**表 14.30** に示す．この作業間の関係について，**表 14.31** のような関係行列が得られた．これから新製品開発における作業の間の関係について，階層化グラフを描け．

表 14.30 新商品開発における作業

番号	作業内容
1	市場調査
2	製品企画
3	製品設計
4	技術開発
5	工程能力調査
6	販売計画
7	製品試作・評価
8	量産計画

表 14.31 新製品開発における作業についての関係行列

作業	1	2	3	4	5	6	7	8
1	0	1	0	0	0	1	0	0
2	0	0	1	1	1	1	0	1
3	0	0	0	0	0	0	1	1
4	0	0	0	0	0	0	1	1
5	0	0	0	0	0	0	0	1
6	0	0	0	0	0	0	0	1
7	0	0	0	0	0	0	0	0
8	0	0	0	0	0	0	0	0

参 考 文 献

　著者は昨年，数理計画法を初めて担当することになり，オペレーションズリサーチを教えることにした．講義に当たり，ワークシートの空欄に書き込むことで，演習ができるようにしたテキストを授業で配布した．その結果，ほとんどの学習者が演習して，提出できた．本書は，その上に第1，2，3章を書き加えて，他の章については説明を追加し，すべての章の演習部分について計算方法がわかるように空欄にした計算式を追加した．電卓があれば，簡単なORの問題を学習者自身が問題を解くことで理解ができるように執筆した．問題を解く体験をとおして，ORの本質を理解し，社会で出会う問題を解決できる人材が育つことを願っている．

　著者は最近10年ほどORに関する研究から遠ざかって，ブレンディッドラーニングに関する研究をしている．それまでの約20年間に教育分野のいくつかの問題をORの手法を用いて解くアルゴリズムを研究開発した．その際に，時間割編成問題，学区割り問題，カリキュラム編成問題，試験問題編成問題，学習グループ編成問題などを，ISM，AHP，分枝限定法，ナップザック問題，輸送問題，割当て問題などのORの手法を適宜適用して，解決を図ってきた．AHPを用いて測定しにくい教育評価ができるようにした．FSM手法を用いて友達関係を階層的に図示することも試みた．ファジィ理論を用いて，教師が作品を評価する基準を知る方法を提案した．それらの研究成果として採録された論文を参考にして本書を著した．

　著者の著作物以外に本書を書く上で参考にさせていただいた図書をあげて，感謝の意を表したい．特に，参考にさせていただいた図書の番号を章の題名の後ろに記す．第1章意思決定とは（2）（4）（5）（7），第2章線形計画法問題（1）（3），第3章動的計画法問題（4）（5）（6），第4章輸送問題（1）（2），第5章割当て問題（1）（2），第6章巡回セールスマン問題（1）（2），第7章順序づけ問題（1）（2），第8章最短経路問題（1）（4），第9章日程管理計画問題（1）（2），第10章取替問題（1）（2），第11章在庫管理問題（1）（2），第12章待ち行列問題（2）（3）（4），第13章階層化意思決定法問題（3）（4）（8），第14章階層構造化モデル問題（3）．

(1) 金田数正：OR手法とFORTRAN，pp.1-5，pp.53-82，pp.85-90，pp.101-107，pp.111-126，pp.157-181（1978）内田老鶴圃
(2) 加瀬滋男：オペレーションズリサーチの手ほどき，pp.1-16，pp.67-82，pp.98-107，pp.133-144，pp.169-178（1976）日刊工業新聞社
(3) 木下栄蔵：オペレーションズリサーチ，pp.1-13，pp.25-34，pp.41-49，pp.129-167（1990）近代科学社
(4) 栗原謙三，明石吉三：経営情報処理のためのオペレーションズリサーチ，pp.17-27，pp.57-63，pp.78-82，pp.90-103，pp.128-139（2006）コロナ社
(5) 小和田正，沢木勝茂，加藤豊：OR入門，pp.45-55（1991）実教出版
(6) OR演習部会編：初等ORテキスト，pp.25-34（1994）日科技連
(7) 大野勝久，田村隆善，伊藤崇博：Excelによるシステム最適化，pp.3-23（2002）コロナ社
(8) 刀根薫：ゲーム感覚意思決定法，pp.1-46（1986）日科技連．

演習と課題の解答

第1章　意志決定とは
1.5　課題1
（略）
1.5　課題2
（略）

第2章　線形計画法問題
2.4　演習
$x_1=16, \ x_2=44, \ x_3=0, \ x_4=0, \ x_5=52, \ x_6=2$

このとき，目的関数は $z=476$（×10万円）となる．したがって，1日当たり製品 P_1 を16トン，P_2 を44トンずつを生産するとよい．そのときの利益は1日当たり $476\times10=4760$ 万円となる．

2.5　課題1
$x_1=6, \ x_2=5, \ x_3=6, \ x_4=0, \ x_5=0, \ x_6=0$

このとき，目的関数は $z=17$（×10万円）となる．したがって，1日当たり製品Aを6トン，Bを5トンずつを生産するとよい．そのときの利益は1日当たり $17\times10=170$ 万円となる．

2.5　課題2
$x_1=4.570, \ x_2=0.0, \ x_3=1.172, \ x_4=0, \ x_5=0, \ x_6=0$

このとき，目的関数は $z=401.37$（円）となる．したがって，3種類の菓子Aを4.570，菓子Bを0.0，菓子Cを1.172ずつ食べるとよい．そのときの費用は401.37円となる．

第3章　動的計画法問題
3.4　演習
7人の理髪師を3つの理髪店に配置して得られる最大利益は，$f_3(7)=200$（万円）である．その具体的な配分は，$g_3(1)$ から第3店に1人，したがって第2店までには6人を配置する．$f_2(6)=f_1(1)+g_2(5)$ から，第2店には5人，第1店には残りの1人を配置する．

3.5　課題1
4地域に派遣する人数はそれぞれ $x_1=3, \ x_2=2, \ x_3=0, \ x_4=3$ あるいは，$x_1=3, \ x_2=1, \ x_3=0, \ x_4=4$ のとき，最大販売利益25万円を得る．派遣する人数が7人の場合，$(x_1, \ x_2, \ x_3, \ x_4)$ の人数の組合せが $(3,2,0,2), \ (3,1,0,3), \ (0,2,1,4), \ (0,2,0,5)$ の4通りあり，その最大販売利益は22万円である．

3.5 課題 2
（略）

第4章 輸送問題

4.4 演習

配送センター M_1 から小売店 S_1, S_2 にそれぞれ 13, 8 単位輸送し，配送センター M_2 から小売店 S_3, S_4 にそれぞれ 14, 4 単位輸送し，配送センター M_3 から小売店 S_3, S_4 にそれぞれ 4, 11 単位輸送する．その総輸送費は，313 である．

配送センター	小売店	輸送量	単位輸送費	合計
M_1	S_1	13	5	65
M_1	S_2	8	4	32
M_2	S_3	14	2	28
M_2	S_4	4	6	24
M_3	S_2	4	8	32
M_3	S_4	11	12	132
総輸送費				313

4.5 課題 1

工場 M_1 から営業所 S_1, S_3 にそれぞれ 40, 60 単位輸送し，工場 M_2 から営業所 S_1 に 50 単位輸送し，工場 M_3 から営業所 S_2, S_3, S_4 にそれぞれ 60, 50, 40 単位輸送する．その総輸送費は，920 である．

工場	営業所	輸送量	単位輸送費	合計
M_1	S_1	40	2	80
M_1	S_3	60	3	180
M_2	S_1	50	5	250
M_3	S_2	60	4	240
M_3	S_3	50	5	250
M_3	S_4	40	4	160
総輸送費				920

4.5 課題 2
（略）

第5章 割当て問題

5.4 演習

工員	機械	仕事効率
A	V	35
B	II	80
C	IV	50
D	I	60
E	VI	75
F	III	80
合計		380

5.5 課題 1

学生	研究室	所属希望順位
秋夫	Gate	3
一郎	Ice	3
梅子	Beer	2
絵美	Ant	1
寛二	Hight	1
菊江	Drama	1
久美	Fire	1
賢治	Cake	1
史郎	Exit	1
寿美	Juice	1
最小総和		15

5.5 課題 2
（略）

第6章 巡回セールスマン問題

6.4 演習

最適移動順序	E→D→C→A→B→E	合計
総移動距離	10　30　20　20　20	100km

6.5 課題1

製造順序	A→B→C→E→F→D→A	合計
段取り費	4　7　3　4　4　3	25

6.5 課題2

（略）

第7章 順序づけ問題

7.4.1 演習

すべての仕事が終了するのは，280経過時間後である．

順序	1	2	3	4	5
仕事	J_5	J_1	J_3	J_2	J_4

7.4.2 演習

すべての学級の利用が終了するのは，240経過時間後である．

順序	1	2	3	4	5
学級	C_5	C_1	C_3	C_2	C_4

7.5 課題1

すべての作業が完了するのは，295経過時間後である．

順序	1	2	3	4	5	6
学級	J_1	J_6	J_5	J_2	J_3	J_4

7.5 課題2

（略）

第8章 最短経路問題

8.4 演習

	直前地点	経路	最短距離
都市Bへの最短距離の経路	A (1)	A→B	2
都市Cへの最短距離の経路	A (1)	A→C	3
都市Dへの最短距離の経路	B (2)	A→B→D	4
都市Eへの最短距離の経路	C (3)	A→C→E	8

8.5 課題1

	経路	最短距離
地点Bへの最小費用の経路	A→C→B	5
地点Cへの最小費用の経路	A→C	2
地点Dへの最小費用の経路	A→C→D	6
地点Eへの最小費用の経路	A→C→E	8
地点Fへの最小費用の経路	A→C→E→F	11

8.5 課題2

（略）

第9章　日程管理計画問題

9.4　演習

作業記号	作業 (i,j)	所要日数 D_{ij}	最早 開始 ES	最早 終了 EF	最遅 開始 LS	最遅 終了 LF	余裕 全 TF	余裕 自由 FF	クリティカルパス CP
A	1,2	2	0	2	0	2	0	0	*
B	2,3	3	2	5	2	5	0	0	*
C	2,4	1	2	3	4	5	2	0	
D	3,5	2	5	7	5	7	0	0	*
E	3,6	1	5	6	9	10	4	4	
F	4,5	2	3	5	5	7	2	2	
G	5,6	3	7	10	7	10	0	0	*

9.5　課題1

作業記号	作業名	所要日数	先行作業	作業 (i,j)	最早 開始 ES	最早 終了 EF	最遅 開始 LS	最遅 終了 LF	余裕 全 TF	余裕 自由 FF	クリティカルパス CP
a	設計	60	なし	1,2	0	60	0	60	0	0	*
b	部品A製造	14	a	2,3	60	74	81	95	21	6	
c	部品X購入	20	a	2,3	60	80	75	95	15	0	
d	部品Y購入	30	a	2,4	60	90	60	90	0	0	*
e	部品B製造	21	a	2,4	60	81	69	90	9	9	
f	組立品a組立	7	b,c	3,5	80	87	95	102	15	15	
g	組立品b組立	12	d,e	4,5	90	102	90	102	0	0	*
h	特性確認試験	60	f,g	5,6	102	162	102	162	0	0	*

9.5　課題2

（略）

第10章　取替問題

10.4.1　演習

最小値は181.94万円で，最適の取替期間は7年である．

10.4.2　演習

3期ごとに取り替えるのが最適で，その最小値は343000円である．

10.5　課題1

最小値は227.12である．したがって取替期間は10年である．

10.5　課題2

4期ごとに取り替えるのが最適で，その場合213787.5円かかる．

第11章　在庫管理問題

11.4.1　演習

年間在庫費の最小は19233円であり，それは，$n=9$のときである．その際の1回の最適注文量は$3000/9 \fallingdotseq 333.3$個である．

11.4.2　演習

在庫量が345個になれば発注すればよい．

11.5 課題 1
年間在庫費の最小は 50230 円であり，最小となるのは，$n=13$ である．その際の 1 日の最適注文量は 269 である．

11.5 課題 2
在庫量が 103 個になれば発注すればよい．

第 12 章 待ち行列問題

12.4 演習
(1) 窓口の空いている確率 $p_0=0.333$
(2) 客の平均人数 $L=2$（人）
(3) 平均長さ $L_q=1.333$（人）
(4) 客の平均待ち時間 $W=0.5$（時間）
(5) 待ち行列での客の平均待ち時間 $W_q=0.333$（時間）＝20（分）
(6) 客が 30 分以上待たなければならない確率 $P(T>0.5)=0.246$
(7) 平均サービス時間＝0.145（時間/人）＝8.70（分/人）

12.5 課題 1
(1) コピー機の空いている確率 $p_0=0.5$
(2) コピー機を利用する人の平均人数 $L=1$（人）
(3) 待ち行列の平均長さ $L_q=0.5$（人）
(4) システム内での客の平均待ち時間 $W=0.167$（時間）
(5) 待ち行列での客の平均待ち時間 $W_q=0.083$（時間）＝5（分）
(6) 客が 30 分以上待たなければならない確率 $P(T>0.5)=0.025$
(7) 平均サービス時間＝0.145（時間/人）＝8.70（分/人）

12.5 課題 2
(1) 相談窓口の空いている確率 $p_0=0.25$
(2) 相談窓口に学習相談する人の平均人数 $L=3$（人）
(3) 待ち行列の平均長さ $L_q=2.75$（人）
(4) システム内での学習者の平均待ち時間 $W=1$（時間）
(5) 待ち行列での学習者の平均待ち時間 $W_q=0.75$（時間）＝45（分）
(6) 学習者が 30 分以上待たなければならない確率 $P(T>0.5)=0.455$
(7) 平均サービス時間＝0.548（時間/人）＝32.9（分/人）

第 13 章 階層化意思決定法（AHP）問題

13.4 演習
総合重要度より，企業 A, B, C の順に受験すればよい．

受験する企業決定	将来性	年収	所在地	福利厚生	総合重要度
企業A	0.303	0.102	0.010	0.030	0.445
企業B	0.123	0.089	0.030	0.082	0.324
企業C	0.050	0.039	0.030	0.112	0.230

13.5 課題1

総合重要度より，旅行先として，海水浴，温泉，登山，遊園地の順に良いことになる．

旅行先の決定	費用	設備	楽しさ	総合重要度
海水浴	0.403	0.143	0.018	0.564
温泉	0.188	0.045	0.008	0.241
登山	0.084	0.010	0.004	0.098
遊園地	0.039	0.021	0.038	0.098

13.5 課題2

(略)

第14章 階層構造化モデル (ISM) 問題

14.4 演習

レベル	作業	直接先行する作業
1	1	
2	2	1
2	6	1
3	3	2
3	7	6
4	4	3
5	5	4, 7

14.5 課題1

レベル	学習項目	直接先行学習項目
1	1	
2	2	1, 3
2	3	2
3	4	2
3	6	1, 2, 3
4	5	4
5	7	3, 5, 6

14.5 課題2

(略)

索　引

欧　字

AHP	112
CI	115
CPM	84
Dematel 法	127
DP	23
Gantt チャート	65, 69
Houthakker 法	34
IE	1
ISM 手法	127
Johnson の方法	65
LP	5
MODI 法	34
OR の考え方	2
OR の方法	2
OR のモデル	3
PERT	82
QC	1

ア　行

隘路	82
アーク	75
アロー・ダイアグラム	82
安全余裕	101
意思決定	2
意思決定法	2
一対比較	113
一対比較行列	113
一対比較値	113
インダストリアル・エンジニアリング	1
オペレーションの原理	2

カ　行

階層化意思決定法	112
階層構造	112
階層構造図	128, 133
確率密度関数	107
可到達行列	128
可到達集合	130
関係行列	128
幾何平均法	116
基底解	7
基底変数	8, 38
客	106
協同の原理	2
距離行列	75
クリティカルパス	82, 84
経営科学	1
計画期間	25
構造化行列	132
構造モデル	127
故障数	93
故障する数	93
固有ベクトル	114

サ　行

在庫管理	101
在庫保管率	102
最小化問題	9
最小化割当て問題	47
最早開始時刻	83
最早結合点時刻	83
最早終了時刻	83
最大化割当て問題	50
最大固有値	115
最大流れ問題	75
最短距離問題	75
最短経路問題	75
最遅開始時刻	83
最遅結合点時刻	83
最遅終了時刻	83
最長距離問題	75
最適解	7
最適計画	58
最適政策	25
最適性の原理	23
最適性の判定	38, 39
最適注文量	103
最適割当ての判定	57
サービス率	106
指数分布サービス	107
実行可能解	6
実践の原理	2
シミュレーション	1
シミュレーション手法	101
重要度	113
自由余裕時間	84
需要残量	35
巡回セールスマン問題	55
順序づけ問題	64
ジョブショップスケジューリング問題	64
シンプレックス基準	7, 37, 38
シンプレックス表	7
推定需要	101
数学モデル	2, 3, 5
スラック変数	6
整合性	115
整合度	115
制約条件	5, 34, 47, 56, 65
節点	75
線形計画法	5
先行集合	130
全余裕時間	83

総合重要度　113
測定の原理　2

タ　行

代替案　112
多階層有向グラフ　127
多段階決定過程　24
単体法　5, 7
調達期間　101
定量注文方式　102
適正在庫水準　101
到着する確率　107
到着率　106
動的計画法　23
特有定数　36, 38
飛び石法　35
取替問題　94

ナ　行

日程計画　82
ネットワーク　75
ノード　75

ハ　行

配分問題　23, 24
発注点方式　101
判定基準行　8
評価基準　112
評価項目　112
標準形線形計画法問題　6
品質管理　1
フィードバックの原理　2
不整合性　115
不変埋め込みの原理　23
ブレーンストーミング　127
平均空き時間　108
平均寿命　93
平均待ち行列の長さ　108
平均待ち時間　108
べき乗法　114
辺　75
ポアソン到着　107
保管費用　101
北西隅の方法　34

マ　行

待ち行列　106
窓口　106
無向グラフ　75
目的関数　5, 24, 34, 47, 56, 65

ヤ　行

有向グラフ　75
輸送計画表　36
輸送問題　33

ラ　行

ランダム到着　107
利用率　106

ワ　行

割当て問題　46
割引価値　91

〈著者略歴〉

宮地　功（みやじ　いさお）

1971年　岡山大学大学院理学研究科修士課程修了
1975年～76年　京都大学工学部に文部省情報処理関係内地研究員
1981年～82年　米国ミネソタ大学に文部省長期在外研究員
1984年　工学博士（京都大学）
1993年　岡山理科大学教授
1997年　同大大学院総合情報研究科修士・博士課程担当教授
　　　　その間，宇宙線研究，教育計画問題へのOR手法の適用，教育工学，eラーニングに関する研究に従事．
所属学会：電子情報通信学会（教育工学専門委員），情報処理学会，教育システム情報学会（中国支部長），日本科学教育学会（中国支部長，評議員），日本教育工学会，日本教育情報学会（評議員），日本オペレーションズリサーチ学会，他各会員．
著　書：「OR事典 事例編」（日本OR学会編，分担執筆），「演習C言語入門」（共立出版，単著），「新しい情報教育の理論と実践の方法」（現代教育社，編著），他に単著5冊，共著1冊．

演習形式で学ぶ
オペレーションズリサーチ
2008年9月25日　初版1刷発行

著　者	宮地　功　Ⓒ 2008
発　行	共立出版株式会社／南條光章
	東京都文京区小日向4丁目6番19号
	電話 03(3947)2511番（代表）
	郵便番号 112-8700
	振替口座 00110-2-57035
	URL http://www.kyoritsu-pub.co.jp/
印　刷	真興社
製　本	中條製本

検印廃止
NDC 336.1
ISBN 978-4-320-01871-6

社団法人
自然科学書協会
会員

Printed in Japan

JCLS ＜㈱日本著作出版権管理システム委託出版物＞
本書の無断複写は著作権法上での例外を除き禁じられています．複写される場合は，そのつど事前に㈱日本著作出版権管理システム（電話03-3817-5670, FAX 03-3815-8199）の許諾を得てください．